L'AMBITIEUX,
ET
L'INDISCRETTE.

TRAGI-COMÉDIE

En cinq Actes.

PAR

M. NERICAULT DESTOUCHES,
de l'Académie Françoise.

A LA HAYE,
ANTOINE VAN DOLE.
MDCCXXXIX.

PRÉFACE.

JE n'aurois point fait de Préface à cet Ouvrage, si je n'avois crû devoir achever de détruire les bruits injurieux qu'on a fait courir avant sa représentation, & si je ne croyois nécessaire d'opposer quelques raisons à la prévention avec laquelle on pourroit encore le lire. Je dirai donc, pour me justifier de ces bruits si contraires à la pureté de mes intentions, que j'ai toujours regardé comme indigne de la probité, le trop facile & le punissable talent de la Satire, genre d'écrire par lequel, souvent aux dépens de la vérité, on se prépare des succès fondés sur la malignité du cœur humain ; mes Ouvrages font foi de ce que j'avance ; j'ai toujours moins pensé en écrivant à m'acquérir la réputation d'homme de lettre, qu'à m'assurer celle d'honnête homme & de bon Citoyen.

Si ces Ouvrages ne peuvent me placer au rang des Auteurs illustres, ils me distingueront du moins de ceux qui ont sacrifié leur honneur au désir de plaire, de ces Auteurs forcés à se cacher à mesure que leurs productions éclatent, & à qui le Public fait payer les applaudiſſemens paſſagers qu'il leur donne, par toute la haine & le mépris dont il les accable.

Cette réflexion ſuffiroit aux perſonnes qui me connoiſſent ; mais je dois ajoûter, qu'il y a près de ſix ans que cette Comédie eſt faite, & que dès-lors la plus grande partie de mes amis, parmi leſquels il en eſt de reſpectables par le rang & par la naiſſance, l'ont entendu lire.

Je répéte que je ne combats ici que le préjugé de mes Lecteurs ; puiſque je ſuis perſuadé que la lecture de la Piéce produira à cet égard le même effet que la repréſentation ; elle confondit l'eſpoir de ceux qui n'y trouverent pas l'attrait qu'ils y cherchoient. Ils m'accuſoient, avant de m'avoir entendu, d'avoir abuſé de la liberté d'écrire ; mais après la repréſentation, auſſi condamnables dans leur jugement, qu'ils l'avoient été dans leur prévention, ils me firent un crime d'avoir fruſtré leur attente.

Je n'en dirai pas davantage ſur cet article ; &, puiſque l'occaſion s'en préſente, je rendrai compte en peu de mots des caractéres principaux que j'ai introduits dans ma Piéce, & de la maniére dont j'ai crû devoir les mettre en œuvre. Ce détail pourra ſervir de réponſe à quelques critiques qu'on a faites de mon Ouvrage.

L'étude de la nature, objet de l'attention principale d'un Auteur dramatique, lui fait

con-

PRÉFACE.

connoître qu'un ridicule, ou qu'un vice, quoique toujours le même, prend une forme particuliére dans les différentes perſonnes, ſelon les rangs qu'elles occupent dans la Société ; c'eſt une couleur qui ſe trouve plus ou moins brillante, ſelon l'étoffe qui en eſt teinte.

D'un autre côté, l'art nous enſeigne que lorſqu'on met un caractére au Théatre, on doit le peindre dans la plus grande étendue qu'il eſt poſſible, & le placer au milieu des circonſtances, où il produit le plus d'effets intéreſſans.

Sur ces deux principes, quoiqu'il ſoit aiſé de trouver un caractére propre au Théatre ; car on les a tous ſous les yeux, la véritable difficulté conſiſte à le placer dans un perſonnage convenable, & à l'environner des circonſtances qui peuvent ſervir à le mieux déveloper.

En me propoſant de peindre le caractére d'un ambitieux, je compris après bien des réflexions qu'il m'étoit impoſſible d'y réüſſir, ſi la Scéne ne ſe paſſoit à la Cour d'un Roi, ſi je n'y faiſois paroître des perſonnages du rang le plus éminent, & ſi mon ambitieux n'étoit pas lui-même dans le plus haut dégré de l'éclat & de la faveur.

L'ambition déréglée eſt de tous les états, ſans doute ; mais dans les hommes du commun, elle n'a rien qui intéreſſe la Société en général ; toujours blâmable à la vérité dans les moyens qu'elle employe pour s'élever, elle ne bleſſe cependant que quelques concurrens obſcurs seurs qu'elle renverse ; souvent applaudie par les désintéressés, elle passe quelquefois pour grandeur d'ame ; infailliblement bornée dans sa course par d'invincibles obstacles, elle fait dégénérer ces ambitieux subalternes en esprits chimériques & ridicules. Au lieu que dans celui qui touche aux premiéres places d'un état, & qui ne voit plus que quelques dégrés jusqu'au but où il imagine follement que ses désirs seront remplis, l'ivresse de son ambition devient l'intérêt général de toute une Nation : les sacrifices qu'il fait à sa passion sont si grands, que tout un Peuple en est quelquefois la victime ; les ressorts qu'il fait mouvoir entraînent les plus grandes révolutions, & presque tous les yeux fixés sur lui, sont dans l'attente de son succès ou de sa perte.

Je ne pouvois donc peindre toute l'étenduë de ce caractére que dans un Favori, qui devant être satisfait de se trouver élevé aussi haut qu'un Sujet peut l'être, comblé d'honneurs & de richesses, forme encore le projet téméraire de s'allier à son Souverain, de partager avec lui l'autorité, de tenir sa grandeur, moins de ses faveurs, que de la nécessité, & qui par là se prépare des moyens sûrs de pouvoir être ingrat sans danger.

Cette peinture de l'ambition renfermoit en grand tous les traits qui caractérisent les ambitieux d'un ordre inférieur ; le moins se trouve toujours dans le plus ; au lieu qu'en avilissant mon sujet, je m'interdisois tout ce qu'il a de plus théatral & de plus beau.

Quelque méprifable que foit l'ambition aux yeux de quelques Philosophes, elle porte avec elle un air de grandeur qui en impofe au refte des hommes; Ses fentimens font élevés, fes expreffions font fiéres, elle eft toujours accompagnée de fupériorité d'efprit & de courage; elle impofe filence aux autres paffions, & infpire même le mépris de la vie. Ces grandes maximes, ces argumens brillans & captieux, cet héroïfme dont l'ambition fe pare & s'authorife, deviendroient dans la bouche d'un homme du commun un langage outré, infupportable & ridicule; Tout enfin me détermina à prendre mon ambitieux au milieu de la Cour. Ce choix où je me vis forcé par tant de raifons, entraîna toute l'économie de mon fujet; intrigue, dénouement, portraits, ftile, tout devint néceffairement d'un genre élevé.

Toutes les beautés que j'aperçus dans mon fujet ne m'éblouirent pas fur les inconvéniens que j'allois trouver dans l'exécution; la gravité de la matiére que j'avois à traiter fe prêtoit avec peine au comique & aux agrémens fi néceffaires au Théatre.

Je cherchai ce qui pouvoit égayer mon fujet, & je le trouvai dans le contrafte des caractéres qui le rendoient néceffairement férieux. Comme il falloit que mon Héros fût amoureux, afin qu'il pût, après de violens combats, faire à fon ambition jufqu'au facrifice de fon amour; je crus ne pouvoir mieux faire que de lui donner

A 4 pour

pour maîtresse une jeune personne sans ambition, sans expérience, & dont il fût tendrement & fidélement aimé. J'opposois par ce moyen la simplicité à l'artifice, la vérité à la politique, & la timidité à l'audace. Ce caractére introduisit sur le champ dans mon Ouvrage un intérêt tendre, & des traits de naïveté & de candeur qui devoient en interrompre la gravité.

Mais cela ne suffisoit pas. J'avois besoin d'un personnage vraiment comique, & même un peu ridicule; j'en puisai l'idée dans les qualités opposées à celles que doit avoir un premier Ministre.

Un premier Ministre doit être le plus sage, le plus modéré & le plus discret de tous les hommes; &, grace au bonheur de la France, j'en avois sous mes yeux un parfait modéle.

Que pouvois-je mieux faire contraster avec ce caractére que je donne au premier Ministre de ma Piéce, que celui d'une femme sans modération, vive, imprudente & indiscrette à l'excès; Il seroit pitoyable de soutenir que ce caractére n'est pas dans la nature, & il me paroît très-mal fondé de prétendre qu'il est déplacé dans mon Ouvrage. La naissance la plus illustre, les postes les plus éminens, les rangs les plus élevés n'exemptent pas toujours des ridicules; & je ne craindrai pas d'être désavoué en disant, que c'est au milieu même de la Cour que les ridicules qui s'y trouvent

quel-

quelquefois font plus fenfibles, plûtôt reconnus, & plus ingénieufement critiqués.

Dira-t-on que la femme d'un premier Miniftre ne doit pas être auffi extravagante? Je conviens que cela feroit toujours à fouhaiter; mais on ne peut pas dire qu'un pareil affemblage foit impoffible. Socrate, cet exemple de fageffe & de vertu, n'avoit-il pas le malheur d'être uni à la plus folle & la plus méchante de toutes les femmes? Loin que cette infortune l'ait dégradé dans notre efprit, elle a fervi à couronner fes autres vertus, en lui fourniffant le moyen d'exercer une patience prefque inconcevable. Pourquoi donc un premier Miniftre n'auroit-il pas le fort de ce grand Philofophe?

Je perfifte donc à penfer que le caractére dont il s'agit a fort bien pû fe trouver à la Cour, & que par conféquent je n'ai pas forcé la nature en le plaçant dans ma piéce, non que je n'aye en même-temps prévû qu'il deviendroit l'objet de quelques critiques.

La diffonnance un peu marquée de ce perfonnage à côté des autres, offroit une prife trop aifée aux cenfeurs qui ne fe foucient point d'approfondir, & qui ne veulent remporter du fpectacle que la vanité d'y avoir trouvé des défauts. Cette prévoyance m'avoit engagé pour donner encore plus de vraifemblance au caractére de Dona Béatrix, d'établir avec foin que cette Dame eft une provinciale qui n'eft à la Cour que depuis peu, qui en ignore le ton, les maniéres, la politique & les rafinemens, quoiqu'elle se flatte de les posséder à fond. Par cette surabondance de précaution, j'ai prévenu jusqu'à l'objection qu'on me pourroit faire que l'éducation & le long usage de la Cour, corrigeoient les ridicules qui pouvoient y naître. Enfin, je conçus dès-lors tout le besoin que j'avois de n'en remettre le rôle qu'en de sûres mains, & de ne le confier qu'à l'excellente & célébre (*) Actrice, dont les talens gracieux & inimitables ne m'ont jamais mieux secondé que dans cette occasion.

Résolu de me servir de ce personnage qui me fournissoit la plus grande partie du comique de mon Ouvrage, je m'attachai avec soin à le rendre essentiellement nécessaire ; je fis sortir de son caractére les principaux événemens de la piéce. Et c'est en effet ces indiscrétions qui font naître les incidens qui forment le nœud & qui accelérent le dénouement. Je le liai si intimément à la construction de tout l'Ouvrage qu'il en est inséparable, & je préparai enfin l'indocilité & l'indiscrétion de Dona Béatrix par un portrait éxact que Dom Philippe en fait avant qu'elle paroisse. Je lui fais dire :

Moi qui gouverne tout, je vous ouvre mon ame,
Je ne puis parvenir à gouverner ma femme,

_____
(*) Mademoiselle Quinault.

Je tremble à chaque mot que fa bouche articule,
Son indifcrétion va jufques à l'excès,
J'en vois à tout moment quelque nouvel accès ;
Curieufe, empreffée, elle veut tout aprendre,
Et tout ce qu'elle fait elle va le répandre,
Le crédit de mon frère & fon autorité,
Jufqu'à l'extravagance enflent fa vanité ;
Avec la Sœur du Roi, Princeffe haute & fiére,
Elle ofe fe montrer, & libre, & familiére,
Et s'expofe fouvent à des rebuts fâcheux.

Enfin, Dom Philippe acheve cette peinture, en difant que s'il fe déplaît à la Cour, & s'il brûle d'en fortir, fa femme en eft la caufe principale.

Après ce portrait qu'on vient de lire, je ne comprens pas que les fréquentes indifcrétions de Dona Béatrix ayent pû furprendre. Il me femble au contraire que fi je lui en avois moins fait commettre, c'eût été un défaut qu'on m'auroit reproché avec juftice.

„ Qu'un perfonnage que vous imaginez fe
„ foutienne depuis le commencement jufqu'à
„ la fin, qu'il ne fe démente pas un feul in-
„ ftant. Qu'il rempliffe le portrait que vous
„ en aurez fait.

Perfonne n'ignore ce précepte d'Horace qui n'eft fondé que fur ce qu'un feul trait ne fuffit pas pour peindre la reffemblance, & qu'elle

confifte

consiste dans l'assemblage de tous les traits. Si cette régle à cause de la difficulté de l'accorder avec celle de l'unité de jour, n'engage point un Auteur à peindre le personnage qu'il a choisi avec tous les traits qui le caractérisent; elle l'oblige au moins de se servir des traits les plus marqués & les plus distinctifs, & d'en employer le plus grand nombre qui lui sera possible; si je n'avois fait tomber Dona Béatrix que dans une ou deux indiscrétions, j'aurois peint une femme capable de faire une indiscrétion, mais non pas une femme indiscrette.

Le menteur ne paroît jamais sur la scéne, que pour faire un mensonge & même plusieurs dans une seule scéne; loin de s'en étonner on blâmeroit Corneille, s'il l'eût fait moins souvent tomber dans ce défaut; on lui eût reproché d'avoir représenté un homme qui ment, par occasion, par intérêt, &c. & non pas un menteur par habitude & par caractére.

Il me reste à parler de l'Infante d'Arragon, je ne pouvois m'en passer pour mon intrigue, mais il me falloit en faire deux usages bien opposez. Premiérement, elle ne devoit être dans la Piéce qu'un personnage épisodique, qui ne fist aucune diversion à l'intérêt principal. En second lieu, elle devoit réunir toute l'attention dans le dénouement. Je devois ennoblir ce personnage afin qu'il imposât au cinquiéme Acte; & j'avois à craindre en le rendant trop écla-

PRÉFACE. xiij

éclatant dans le cours de la Piéce, qu'il ne doublât mon action. Le secret que l'Infante d'Arragon fait de son voyage à la Cour de Castille m'a tiré de cet embarras; la nécessité où elle se trouve de ne se montrer que rarement, fait que le Spectateur ne souhaite pas qu'elle contribue visiblement à l'intrigue; son absence même, & son silence dans cette circonstance donne à son caractére le degré de noblesse dont j'avois besoin.

J'avoue que son voyage mystérieux n'est pas selon nos usages, ni même selon ceux qui sont depuis un tems reçûs par tout. Mais ne reviendrons-nous jamais de l'injuste préjugé de ne souffrir au Théatre que les façons & les airs de notre tems & de notre Païs? Faudra-t-il que tous les hommes & tous les âges parlent dans nos Spectacles le même langage? Et comment est-il possible que les François amateurs déclarés de la variété s'obstinent à une uniformité si peu raisonnable? Ils lisent tous les jours avec avidité les Journaux & les voyages, qui leur font connoître d'autres hommes qu'eux, d'autres climats, d'autres coûtumes & d'autres loix que les leurs: entraînés par le plaisir que leur fait cette lecture, ils poussent quelquefois la crédulité trop loin; & lorsqu'on leur présente ces mêmes Peuples sur la Scéne, ils sont tout étonnés, de ne leur pas trouver nos traits, nos mœurs & nos maniéres.

Admirateur zélé de Racine, je ne puis m'empêcher de lui reprocher d'avoir introduit

au

au Théatre cette monotonie de sentimens & de langage; goût qui a tellement prévalu dans la suite, qu'il a fait abandonner ou défigurer souvent aux Auteurs les plus beaux sujets dramatiques : qu'il a rétréci le dictionnaire de la Tragédie presqu'autant que Quinault celui du Théatre lirique, & qu'enfin ce goût a influé même sur la Comédie. Le grand Corneille pensoit bien différemment, & malgré l'élévation du stile de la Tragédie, il y savoit peindre des caractéres décidés & sensibles ; Il savoit profiter de l'agrément & du contraste que fournissent la variété des mœurs des Nations, & la différence des tems ; il fait sentir distinctement la simplicité & la rudesse des mœurs des premiers Romains dans les Horaces : la politique & l'urbanité de ceux du siécle d'Auguste dans Cinna ; & l'on reconnoît dans le Cid la galanterie, l'esprit romanesque & la fierté des anciens Espagnols ; l'amour étoit autrefois chez eux une passion également vive & délicate, qui devenant le mobile de presque toutes leurs actions, étoit l'objet de leurs fêtes les plus magnifiques, & de leurs vengeances les plus tragiques. Les Amans, pour se chercher, pour pénétrer leurs sentimens réciproques, pour dérouter leurs rivaux, entreprenoient les voyages les plus dangereux ; se servoient des travestissemens les plus singuliers & les plus téméraires. La discrétion & le mystére leur faisoient mettre en usage les intrigues le plus ingénieusement imaginées, & le

plus

plus adroitement suivies : nous voyons dans leurs Histoires des exemples fréquens de ces mœurs, dans les personnes même du plus haut rang. Il ne paroît pas qu'ils en ayent trouvé la bienséance choquée. Leurs Romans & leurs Comédies ne sont fondées que sur des intrigues, des déguisemens, des reconnoissances, & j'ose dire qu'il faut ignorer entiérement le génie de cette Nation, pour trouver étrange que l'Infante d'Arragon fasse un aussi petit voyage dans une Cour où il s'agit pour elle des plus grands intérêts.

J'ai satisfait de plus à tout ce que la délicatesse de nos usages paroissoit souhaiter de moi dans cette occasion ; j'ai accompagné cette démarche de toutes les circonstances qui pouvoient l'autoriser. L'Infante est sœur du Roi d'Arragon, par conséquent maîtresse de sa main, en droit de connoître par elle-même si son bonheur n'est pas sacrifié, dans le Traité que son frère veut conclure avec la Castille : elle ne vient *incognito* dans cette Cour qu'à la prière & par l'ordre de son frère ; elle ne s'y présente que sous la conduite de l'Ambassadeur ; elle n'y paroît que sous le nom de la fille de ce Ministre ; & elle n'a pour but que la légitime & intéressante curiosité de connoître par elle-même si le Roi qu'on lui propose pour époux n'a pas déja quelque engagement, & si c'est à juste titre que la renommée fait l'éloge de ses vertus.

Voilà sur quels raisonnemens j'ai choisi &
ras-

PREFACE.

raſſemblé les caractéres dont j'ai compoſé mon Ouvrage; & ceux qui me feront l'honneur de le lire avec quelque attention, découvriront facilement que la conſtruction, l'enchaînement & les détails ne m'ont pas couté moins de reflexions & de ſoins. Et quoique je n'aye pas lieu d'être mécontent de ſa réüſſite, je ſuis convaincu que ſans des circonſtances qui lui ſont étrangéres, il eût égalé mes plus grands ſuccès.

PROLOGUE.

UNE ACTRICE.

Messieurs, vous allez voir une nouvelle Piéce...
D'un Auteur qui n'est pas nouveau.
L'Ouvrage est singulier : vous dire qu'il est beau,
Ce seroit un peu loin pousser la hardiesse.

Décider avant vous, c'est hâter le danger.
Nous efforcer a si bien faire
Que l'Ouvrage puisse vous plaire,
Voilà tout notre droit ; le vôtre est de juger.

En Juges Souverains faites qu'on vous respecte.
L'envie est aux aguets ; la Cabale la suit.
Loin d'avoir le bon goût, leur cohorte suspecte
Lui fait la guerre, & le détruit.

Jusques au dernier mot imposez-lui silence ;
C'est l'unique faveur que nous vous demandons.
Nous plaidons devant vous ; tandis que nous plaidons,
Daignez nous écouter, & tenir la balance.

B

PROLOGUE.

Si notre Piéce a du succès,
Pour vous, comme pour nous, j'en serai très-ravie;
Et, mon plus grand plaisir, sera de voir l'envie
Perdre, avec dépens, son Procès.

Elle tremble déjà; mais s'il faut tout vous dire,
En vérité, je tremble aussi.
Puisse votre équité la bannir loin d'ici;
Plus elle pleurera, plus je vous ferai rire.

Permettez à l'ambition
De vous étaler sa manie;
L'Auteur a mis tout son génie
A vous en faire voir toute l'illusion.

C'est, dit-on, le défaut des plus grands personnages,
Et, je vous avouerai sans fard,
Que notre Auteur lui-même en a sa bonne part;
Mais son ambition est d'avoir vos suffrages.

Fin du Prologue.

L'AMBITIEUX,

L'AMBITIEUX,
ET
L'INDISCRETTE.
TRAGI-COMÉDIE.

ACTEURS.

LE ROI DE CASTILLE.

DOM PHILIPPE, premier Ministre.

DOM FERNAND, Favori du Roi, & frère de Dom Philippe.

DOM FELIX, Pere de Dom Philippe & de Dom Fernand.

DOM LOUIS, Ambassadeur d'Arragon.

L'INFANTE D'ARRAGON, crûe fille de Dom Louis.

DONA BEATRIX, femme de Dom Philippe.

DONA CLARICE, Niéce de Dona Béatrix.

JACINTE, femme de Chambre de Dona Béatrix.

UN PAGE.

GARDES.

La Scéne est dans le Palais du Roi de Castille.

L'AMBITIEUX,
ET
L'INDISCRETTE.
TRAGICOMÉDIE.

ACTE PREMIER.

SCENE PREMIERE.

D. FELIX.

MES deux fils à la Cour! L'aîné, premier
    Ministre,
Le second, Favori! Quelle étoile siniſtre
Dans ces poſtes brillans les a placés tous
    deux!
Qu'ils courent de dangers, & que je crains pour eux!
Leur naiſſance, il eſt vrai, répond à leur fortune;
Mais qu'ils ſeroient bien mieux dans la route com-
    mune,

                  B 3   Qu'au

L'AMBITIEUX,

Qu'au faîte des grandeurs, dont les trompeurs attraits
Vont sur eux, de l'envie, attirer tous les traits!
Heureuse obscurité, que je vous trouve aimable!
Qu'au plus brillant éclat vous êtes préférable!
Vous n'êtes point en butte aux efforts des jaloux;
Mais, s'ils vous connoissoient, ils n'aimeroient que
　　vous.
En vous ils trouveroient tous les biens qu'ils désirent,
Et ce parfait bonheur pour lequel ils soupirent,
Et qu'ils ne trouvent point dans ce brillant cahos,
Où l'ambition régne, & n'a point de repos.
Quelle foule de gens à mes yeux se présente!
On voit dans tous leurs traits le desir & l'attente.
Comme ils s'empressent tous! Ils vont à la Faveur
Offrir le doux parfum de leur encens flatteur.
Oh mes fils! Gardez-vous de ces trompeurs hommages.
L'intérêt, à la Cour, masque tous les visages;
Et les plus empressés à fléchir devant vous,
Vous préparent sous-main les plus dangereux coups.
Mais insensiblement la troupe entre & s'écoule,
Et je veux, à mon tour, me mêler dans la foule,
Pour voir, sans être vû. Je brûle de savoir
Comment ici mes fils usent de leur pouvoir....
Mais n'allons pas plus loin. Je vois une personne
Que je croi reconnoître, & dont l'aspect m'étonne.
Quel faste! Quel éclat! C'est elle toutefois,
C'est Jacinte.

SCENE II.

D. FELIX, JACINTE.

JACINTE.

AH, Seigneur ! Eſt-ce vous que je vois ?
Oui, voilà Dom Felix, le Pere de mon Maître.
D. FELIX.
Madame, en vérité....
JACINTE.
Moi, Madame ! Peut-être
D'autres s'y méprendroient ; car, ſans préſomption,
Mon air eſt au-deſſus de ma condition :
On me le dit, du moins, & je le crois ſans peine.
D. FELIX.
C'eſt bien fait.
JACINTE.
Cependant je n'en ſuis pas plus vaine.
Je ſuis femme de chambre, & Jacinte eſt mon nom.
M'auriez-vous oubliée dans deux ou trois ans ?
D. FELIX.
Non.
Vos traits m'avoient frappé. Mais à parler ſans feinte,
J'ai craint de me tromper vous prenant pour Jacinte.
Vous n'êtes plus la même.
JACINTE.
Oh, oh !
D. FELIX.
L'air de la Cour
Vous eſt bon !

L'AMBITIEUX,

JACINTE.

Merveilleux. O l'aimable séjour !
Qu'une fille y profite !

D. FELIX.

On le voit.

JACINTE.

Ma Maîtresse,
Quoique née en Province, a l'air d'une Princesse
A présent.

D. FELIX.

Quel prodige ! Elle a donc bien changé ?
Et mon fils, son époux ?

JACINTE.

Il n'a jamais songé
A réformer son air, son ton, ni sa manière.
Pour un premier Ministre il n'a pas l'ame fiére,
Assurément.

D. FELIX.

Tant mieux.

JACINTE.

Content, de bonne humeur,
Prévenant, gracieux, sans faste, sans hauteur,
N'ayant d'autre intérêt que l'intérêt du Maître,
Et toujours occupé sans jamais le paroître.
Oui, voilà, mot pour mot, comme on parle de lui.
Vous-même, par vos yeux, vous verrez aujourd'hui
Si c'est là son portrait.

D. FELIX.

Je l'augure d'avance ;
Et ce fils m'a donné toujours grande espérance.
Dites-moi ; se plaît-il dans son brillant emploi ?

JACINTE.

Deux fois il a tenté de le remettre au Roi.
Non qu'il soit mécontent ; mais pour vivre tranquille.
Heureusement pour nous le Prince est trop habile

Pour

Pour laisser échapper un si bon Serviteur.
D. FELIX.
Est-il riche, mon fils ?
JACINTE.
Non. Pour notre malheur
Il est trop honnête homme. Il amasse il ménage,
Mais pour qui ? Le Roi seul en a tout l'avantage.
Il prétend l'enrichir, & soulager l'Etat.
Quant à lui-même, il vit sans pompe, sans éclat.
Dans sa grave maison tout sent l'œconomie.
Mais Madame, au contraire, en est grande ennemie.
Elle aime à se charger de superbes habits ;
Sur elle on voit briller diamans & rubis :
Tous ses apartemens sont riches, magnifiques ;
Et rien n'est mieux paré que tous ses domestiques.
Elle ne sort jamais que dans un char pompeux,
Qui, des passans sur elle, attire tous les yeux.
Enfin, rien n'est égal à sa magnificence ;
Et sa félicité consiste en sa dépense.
D. FELIX.
Ma belle-fille est folle ; & mon fils, bien plus fou
De soûtenir....
JACINTE.
Jamais il ne lui donne un sou
Que pour le nécessaire ; & souvent il l'empêche
De prendre son essor ; mais c'est en vain qu'il prêche,
Madame va son train si-tôt qu'elle a des fonds.
D. FELIX.
Et qui les lui fournit ?
JACINTE.
Le Roi, qui par ses dons
Supplée à nos besoins. O le généreux Prince !
Sans lui notre équipage auroit l'air assez mince :
Mais, grace à ses bontés, nous ne manquons de rien,
Et, malgré Dom Philippe, il est notre soûtien.

Dom Philippe s'en plaint ; le R⟨oi⟩ n'en fait que rire,
Et nous comble de biens, quoi qu'il en puisse dire.
D. FELIX.
Mais de ma belle-fille il est donc amoureux ?
JACINTE.
Non, je vous en répons. Il porte ailleurs ses vœux,
Et se livre aux transports d'un feu plus légitime :
Mais comme Dom Philippe a toute son estime,
Sans vouloir, cependant, recevoir de bienfaits,
Sa femme, plus sensée, en ressent les effets.
D. FELIX.
Mon aîné, je le vois, est digne de sa place.
Je n'apprens rien de lui qui ne me satisfasse ;
Et vous me confirmez tout ce qu'on m'en a dit.
Mais son frere, toujours est-il bien en crédit ?
JACINTE.
Je ne puis exprimer à quel point le Roi l'aime.
Il traite Dom Fernand comme un autre lui-même ;
Et jamais Favori ne fut plus déclaré.
D. FELIX.
Fort bien. Mais Dom Fernand paroît-il modéré,
Tranquille, satisfait, prudent comme son frere ?
JACINTE.
Il est précisément d'un autre caractére,
Toujours rêveur, toujours formant quelque projet,
Accablé de bienfaits, & jamais satisfait.
Pour s'élever sans cesse, il met tout en pratique ;
L'amour même en son cœur céde à sa politique.
Car c'est un courtisan plein de manége & d'art,
Dont l'air & les discours sont parés d'un beau fard,
Et dont l'ambition, selon les conjonctures,
Prend, pour son intérêt, cent diverses figures.
Pour aller à son but, prêt à tout hazarder ;
Voulant toujours la guerre afin de commander,
Et préferant, dit-on, cet honneur, à la gloire

ET L'INDISCRETTE. 11
De cueillir tout le fruit d'une pleine victoire.
Voilà ce que j'en sais. Je vous le dis tout bas :
Ainsi, mon bon Seigneur, ne me trahissez pas ;
Car la sincérité me feroit préjudice.
Ailleurs elle est vertu, mais ici c'est un vice.
D. FELIX.
Je ne le sai que trop. Vous me connoissez bien ;
Et je suis trop discret pour vous commettre en rien.
JACINTE.
Quand je connois mes gens, ma langue s'émancipe ;
Autrement....
D. FELIX.
Pourriez-vous avertir Dom Philippe,
Que je voudrois ici lui parler un moment ?
JACINTE.
Oui, Seigneur, & je vais vous servir promptement.
D. FELIX.
Dépêchez-vous.

SCENE III.

D. FELIX, *seul.*

SElon ce qu'elle vient de dire,
Pour la retraite encor Dom Philippe soupire.
De son superbe joug il n'est point entêté,
Et ne voit de bonheur que dans la liberté.
Du moins il le pensoit dès l'âge le plus tendre,
Et j'ose me flatter qu'il voudra bien m'entendre.
Mais le voici lui-même ; & mon cœur est charmé
De marquer ma tendresse à ce fils bien-aimé.

SCE-

SCENE IV.

D. FELIX, D. PHILIPPE.

D. FELIX, *embrassant D. Philippe.*

ENfin, je vous revois, mon cher fils!
D. PHILIPPE.

         Ah, mon Pere!
Pourquoi n'entrez-vous pas ? Puis-je avoir quelque affaire
Qui me prive un instant du bonheur de vous voir ?
D. FELIX.
Vos momens vous sont chers. Votre premier devoir,
Mon fils, est de remplir votre place honorable ;
Et, vous en détourner, c'est vous rendre coupable ;
Je n'éxige de vous qu'un instant de loisir.
Je l'attendrai. S'il vient, nous saurons le saisir.
D. PHILIPPE.
Il ne viendra jamais si nous voulons l'attendre.
Du plaisir que je sens je ne puis me défendre.
Il est si grand, si pur, qu'il doit m'être permis.
Oubliez le Ministre, & ne songez qu'au fils.
Dans son poste éclatant il prétend l'être encore ;
Et, plus le sort l'éleve, & plus il vous honore.
D. FELIX.
Oüi, je le reconnois à cet accueil touchant.
Mon cœur, avec transport, se livre à son penchant.
Le Ministre & le fils si bien d'accord ensemble,
Me font bénir cent fois l'instant qui nous rassemble.
D. PHILIPPE.
Que ce soit pour toujours.

              D.

D. FELIX.
Que me proposez-vous,
Mon fils?
D. PHILIPPE.
Ce qui feroit mon bonheur le plus doux.
Demeurez avec moi.
D. FELIX.
La chose est impossible.
D. PHILIPPE.
Pourquoi donc?
D. FELIX.
Aux grandeurs je ne suis plus sensible;
Et mes yeux, autrefois si charmés de la Cour,
Ne peuvent soutenir l'éclat d'un si grand jour.
Je chéris ma retraite; elle fait mes délices:
J'y marche d'un pas sûr, & loin des précipices
Dont les Palais des Rois sont toujours entourés.
Trop heureux les mortels qui vivent ignorés!
Ne vivant que pour eux, ils joüissent d'eux-mêmes;
Ils se livrent en paix à ces plaisirs suprêmes
Que le Ciel donne aux cœurs qui bornent leurs désirs,
Et ce n'est que pour eux que sont les vrais plaisirs.
Tels étoient nos discours, lorsque dans ma retraite
Nous goûtions les douceurs d'une ame satisfaite.
En perdant ce bonheur, vous avez tout perdu.
D. PHILIPPE.
Seigneur, si de mon choix mon sort eût dépendu,
Je vivrois loin d'ici. Vous savez que le Prince
Me tira, malgré moi, du fond de la Province,
Lorsque d'une Ambassade il voulut m'honorer;
Que quand elle finit j'allois me retirer;
Mais qu'un ordre pressant suggéré par mon frère,
Me retint à la Cour chargé du ministére.
Je fais tous mes efforts pour remplir cet emploi,
Servant également & l'Etat & le Roi;
Mais

Mais protestant toujours que ma plus forte envie
Seroit de vous rejoindre, & de passer ma vie
Dans le séjour charmant que vous me retracez.
Loin qu'on ait satisfait mes désirs empressés,
Plus j'ai pour les grandeurs marqué d'indifférence,
Plus j'ai senti du Roi croître la confiance.
Mes liens, chaque jour, sont devenus plus forts.
Mon frère, pour les croître, a fait tous ses efforts,
Croyant, par mon crédit, sa fortune plus sûre,
Et son ambition n'ayant plus de mesure ;
Car il aspire à tout ; &, d'instant en instant
Il demande, il obtient ; &, loin d'être content,
Voulant toujours monter, il faut qu'un jour il tombe,
Et qu'entraîné par lui, moi-même je succombe.
D. FELIX.
Prévenez cette chûte, & suivez-moi, mon fils.
D. PHILIPPE.
Est-il en mon pouvoir de suivre vos avis ?
J'ai prié, j'ai pressé, l'on ne veut point m'entendre.
D'ailleurs, je l'avoüerai, j'ai peine à me défendre
Du charme que je goûte à servir un grand Roi,
Qui pourroit seul tout faire, & qui fait tout par moi.
Prince plein de bonté, de vertu, de courage,
Discret, sage, prudent à la fleur de son âge,
Captivant les esprits par des attraits vainqueurs,
Et formé par le Ciel pour régner sur les cœurs.
De plus, j'aime l'Etat. Un homme plus habile,
Par de plus grands talens lui seroit moins utile ;
Et je sens que mon zéle, & ma fidélité
Feront bien plus pour lui, que la dextérité
D'un Ministre inquiet, dont le hardi génie
Sacrifieroit l'Etat à sa vaine manie.
Je borne mes talens à lui donner la Paix :
Elle est l'unique objet des efforts que je fais.

Depuis près de dix ans la Castille animée
Oppose à l'Arragon une puissante Armée ;
La victoire à la fin se déclare pour nous,
Dix mille Arragonois sont tombés sous nos coups.
Leur Roi, que sa défaite a rendu plus traitable,
Voudroit s'en relever par une paix durable.
Il la fait demander par son Ambassadeur,
Que, depuis quelques jours, j'appuie avec ardeur.
Notre Traité s'avance en dépit de mon frère,
A qui, pour sa grandeur, la guerre est nécessaire ;
Mais, dût-il entre nous arriver un éclat,
Je préfere à mon frère, & le Prince, & l'Etat.
D. FELIX.
O nobles sentimens, qui m'arrachent des larmes !
L'allégresse à présent succéde à mes alarmes.
Achevez votre ouvrage.
D. PHILIPPE.
Oüi, je l'acheverai ;
Et, content du succès, je ne demanderai
Pour tout prix de mes soins, que de pouvoir vous
   suivre
Dans l'heureuse retraite où je veux toujours vivre.
D. FELIX.
Hé bien, je vous attens.
D. PHILIPPE.
Mon plus grand embarras
Roule sur un sujet que vous ne savez pas.
D. FELIX.
Ne puis-je le savoir ?
D. PHILIPPE.
J'ai peine à vous le dire.
D. FELIX.
Parlez.
D. PHILIPPE.
J'ai sur l'Etat une espéce d'empire ;

J'ai

J'ai fléchi, j'ai gagné mes plus fiers ennemis ;
Mais il est un esprit que je n'ai point soûmis.
Moi qui gouverne tout (je vous ouvre mon ame)
Je ne puis parvenir à gouverner ma femme.
Quels seront ses regrets quand il faudra partir !
Et pourrons-nous jamais l'y faire consentir !

D. FELIX.
J'espére que mes soins la rendront plus docile.

D. PHILIPPE.
Peut-être y ferez-vous un effort inutile.
Depuis près de trois ans qu'elle vit à la Cour,
Elle a pris tant de goût pour ce bruyant séjour,
Qu'elle en perd la raison, & se rend ridicule.
Je tremble à chaque mot que sa bouche articule ;
Son indiscrétion va jusques à l'excès ;
Et j'en vois chaque jour quelque nouvel accès.
Curieuse, empressée, elle veut tout apprendre ;
Et tout ce qu'elle sait elle va le répandre.
Le crédit de mon frère & mon autorité,
Jusqu'à l'extravagance enflent sa vanité.
Avec la sœur du Roi, Princesse haute & fiére,
Elle ose se montrer & libre & familiére,
Et s'expose souvent à des rebuts fâcheux.
Enfin, si la retraite est l'objet de mes vœux,
Entre nous, elle en est la cause principale.
Mais c'est avec vous seul que mon chagrin s'exhale.
Par combien de motifs dois-je sortir d'ici !

D. FELIX.
Je vais voir votre épouse, & tâcher....

D. PHILIPPE.
La voici.
Puissiez-vous la toucher, & la rendre plus sage !

D. FELIX.
Je vois que j'entreprens un difficile ouvrage.

D. PHILIPPE.
Faites-y vos efforts; & moi, de mon côté,
Je vais faire les miens pour finir le Traité.

SCENE V.

D. FELIX, Dona BEATRIX, Dona CLA-
RICE, JACINTE, UN PAGE.

Dona BEATRIX *entre, en se regardant & s'ajustant.*

Plus je me considere, & plus je suis contente.
JACINTE.
Madame a bien raison, car Madame est charmante.
Dona BEATRIX.
Ce n'est pas de beauté que je veux disputer;
Mais pour l'air de grandeur, j'ose bien m'en flatter.
(*à Dona Clarice.*)
Admirez ce maintien, imitez-le sans cesse.
N'ai-je pas l'air, le port d'une auguste Princesse?
Dona CLARICE.
Oui, ma Tante.
Dona BEATRIX.
Ma Tante! on vous dit si souvent,
De laisser le jargon, & les airs du couvent.
C'est comme mon mari qui m'appelle sa femme.
Vous aurez la bonté de m'appeller Madame:
Entendez-vous Clarice?
Dona CLARICE.
Oui, ma Tante, j'entens.
Dona BEATRIX.
Encor? A vous former je perdrai donc mon tems?
Vous êtes à la Cour, ma chere Demoiselle;
J'en

18 L'AMBITIEUX,

J'en ai pris les façons; prenez-moi pour modéle.

Dona CLARICE.
Je n'y manquerai pas.

Dona BEATRIX.
Et vous ferez fort bien.

D. FELIX, *à part.*
Sa folie est complette, il n'y manque plus rien.

JACINTE, *bas à Dona Béatrix.*
Madame, j'aperçois, je croi, votre beau-Pere.

Dona BEATRIX, *à Jacinte.*
Comment? Il est ici? Bon Dieu! Qu'y vient-il faire?
Sa gothique figure y réussira mal.
Un Caton à la Cour est un triste animal.
Mais il faut cependant lui faire politesse.
(à Dona Clarice.)
Aux gens qu'on hait le plus on fait ici caresse.
Souvenez-vous-en bien; car c'est-là le bon air.
*(Elle court au devant de Dom Felix d'un air de
joie & d'empressement.)*
Le Seigneur Dom Félix à quitté son désert?
A-t-il pû se résoudre, à nous faire visite?
Qu'il soit le bien venu.

D. FELIX, *voulant l'embrasser.*
Madame...

Dona BEATRIX.
Je vous quit
Pour passer chez l'Infante où je croi qu'il est jour.
Il faut que je me montre, & fasse un peu ma cou

D. FELIX, *la retenant.*
Rien ne presse. Souffrez que je vous entretienne.

Dona BEATRIX.
Ici j'occupe un rang qu'il faut que je soutienne,
Comme vous jugez bien. J'ai cent mille embarras.
On soupire par tout où l'on ne me voit pas.
On prend peu garde aux gens qui sont sans consé
quence,
Po

Pour moi vous concevez quelle est la différence....
D. FELIX.
Préfumez un peu moins....
Dona BEATRIX.
Le rang & la faveur
Me donnent tant d'éclat, que l'on se fait honneur
De mes attentions; & que chacun s'empresse....
Mais avant que je sorte, il est bon que ma niéce
Vous offre ses respects. Comme elle est de mon sang,
Fille de feu mon frere, & d'un assez haut rang
Pour devoir à la Cour être considérée,
De son triste couvent nous l'avons retirée
Pour corriger un peu son éducation;
Elle se forme ici sous ma direction.
Ses yeux ne disent rien : C'est ce qui me désole.
D. FELIX.
(à part.)
Juste Ciel! Quel travers! Elle est encor plus folle
(à Dona Béatrix.)
Que je ne le croyois. Vous ferez beaucoup mieux
De la cacher ici, que d'exercer ses yeux.
Leur silence sied bien dans un âge si tendre,
Et peut-être trop-tôt ils se feront entendre.
Dona BEATRIX.
Oh! oh! De la morale! A la Cour! Fruit nouveau!
Ce que vous dites-là, je le trouve fort beau.
J'estime la morale, & j'y suis très-sensible.
C'est contre l'insomnie un remède infaillible.
Votre fils tient de vous; car c'est un beau diseur;
Il est grand œconome, & grand moraliseur;
De ses doctes sermons, je pourrai faire usage,
Si je puis quelque jour parvenir à votre âge.
D. FELIX.
Faut-il pour être sage attendre si long-tems?

Dona BEATRIX.
Nous quitterons la Cour quand j'aurai soixante ans.
Et pour lors....
D. FELIX.
Croyez-moi, préparez-vous, Madame,
A la quitter plûtôt.
Dona BEATRIX.
Moi?
D. FELIX.
Mon fils, ni sa femme,
N'y vieilliront pas. Non; j'ose vous l'assurer.
Dona BEATRIX.
En êtes-vous bien sûr?
D. FELIX.
Je pourrois en jurer.
Dona BEATRIX.
Et vous feriez fort mal.
D. FELIX.
Et la raison, de grace?
Dona BEATRIX.
Je quitterai la Cour, lorsque j'en serai lasse:
Et comme je m'y plais, & de plus m'y plairai,
J'y vieillirai si bien, que j'y radoterai.
D. FELIX.
O Ciel! Rien ne pourra?...
Dona BEATRIX, *à Jacinte*.
Mes gens, mon équipage,
Sont-ils prêts?
JACINTE.
Oüi, Madame.
Dona BEATRIX.
Hé quoi, je n'ai qu'un page?
Mon écuyer? Ma suite?
JACINTE.
On vous attend déhors.

D.

D. FELIX.
Puisque sur votre esprit on fait de vains efforts.....
Dona BEATRIX.
Mais vraiment point du tout. Vous parlez à merveille;
Et moi, je fais toujours tout ce qu'on me conseille.
(à Dona Clarice.)
Quand cela me convient. Vous viendrez avec moi,
Et je vous placerai pour voir passer le Roi.
D. FELIX.
Si mes avis...
Dona BEATRIX, *à Dona Clarice.*
Au moins soyez vive & brillante.
D. FELIX.
Mais...
Dona BEATRIX.
Seigneur Dom Félix, je suis votre servante;
J'écoute vos avis avec bien du plaisir;
Mais malheureusement je n'ai pas le loisir
D'y faire attention. Adieu; le tems me presse,
Car voici le moment d'entrer chez la Princesse:
J'y vais tous les matins, & m'en fais une loi.
Clarice, votre bras. Jacinte, suivez-moi.
Page, prenez ma robe; & que tout mon cortége
Empêche qu'en sortant la foule ne m'assiége.

SCENE VI.

D. FELIX, *seul.*

Que mon fils est à plaindre! Et quelle est ma douleur
De sentir que moi seul j'ai causé son malheur!
C'est moi qui me croyant plus prudent & plus sage

Que ce fils éclairé, conclus son mariage,
Et forçai son respect au triste engagement
Qui faisoit sa fortune, & qui fait son tourment.
Voici Dom Fernand. Ciel! Donne-moi plus d'empire
Sur cet ambitieux.

SCENE VII.

D. FELIX, D. FERNAND.

D. FERNAND, *en entrant*.

Souffrez que je respire.
Je vous servirai tous; n'en doutez nullement:
Mais trouvez-vous ce soir à mon apartement.
(*à Dom Felix.*)
Ah! Seigneur, vous voici! Je venois avec zéle
Annoncer à mon frère une grande nouvelle
Qui vous concerne.

D. FELIX.

Moi?

D. FERNAND.

Vous-même; & le prie
De vous faire au plûtôt dépêcher un courier.

D. FELIX.

Sur quoi?

D. FERNAND.

Je viens pour vous d'obtenir une grace.
Le Roi vous a fait Grand de la premiére Classe.
Votre arrivée ici me comble de plaisir,
Seigneur, & vous avez prévenu mon désir.
Nous irons chez le Roi... Mais, de grace, mon Pere
Pourquoi me montrez-vous un visage sévére?

ET L'INDISCRETTE. 23

Je croyois mériter un accueil plus flatteur,
Et vous voir un peu plus sensible à cet honneur.

D. FELIX.

Je conviens avec vous que la faveur est grande.
Mais qui vous a chargé d'en faire la demande ?
Seroit-ce Dom Philippe ?

D. FERNAND.

Il ne m'en a rien dit.

D. FELIX.

Pourquoi donc sans raison user votre crédit ?

D. FERNAND.

Sans raison ? Quand pour vous je prouve ma tendresse ?

D. FELIX.

Hé ! Que sert un grand titre à la haute Noblesse ?
Son éclat dépend-t-il d'un rang si fastueux ?

D. FERNAND.

Il honore vos fils, & se répand sur eux.

D. FELIX.

Ah ! Du moins, malgré vous, je vous trouve sincére.
Il s'agissoit bien moins d'honorer votre Pére,
Que de donner carriére à votre ambition.
Ecueil pernicieux ! Funeste passion !
Votre crédit est grand, mais, mon fils, plus il brille,
Plus je le crains pour vous, & pour votre famille.
En vous toute la Cour adore la faveur,
Vous croyez être aimé ; mais au moindre malheur,
Cette foule d'amis que le crédit fait naître,
Vous la verrez, mon fils, tout à coup disparoître,
Vous vous trouverez seul ; & vos adorateurs
Seront les plus ardens de vos persécuteurs.
Plus vous aurez monté quand vous étiez en place,
Plus ils seront charmés d'abaisser votre audace,
En se dédommageant par mille traits perçans,
D'avoir à vos défauts prodigué leur encens.

C 4　　　　　　　D.

L'AMBITIEUX,

D. FERNAND.

Ne vous alarmez point. Je préviendrai la honte
De descendre jamais des grandeurs où je monte.
De degrés en degrés je saurai me hausser,
Jusqu'à faire trembler qui voudra m'abaisser.
C'est l'unique moyen de fixer la fortune.
Monter d'un pié timide est d'une ame commune.
Quand le bonheur nous guide il faut suivre ses pas,
Et toujours s'élever sans regarder en bas.
A mon ambition la carriére est ouverte :
Je prétens la remplir quand j'y verrois ma perte.
Plus le péril est grand, plus il est glorieux.
La fortune est toujours pour les audacieux.
Mes services d'ailleurs m'ont mérité la gloire
D'être aimé de mon Prince, & la grande victoire
Que sur nos ennemis je viens de remporter,
Abat mes envieux, & m'en fait redouter.
Ils se taisent du moins, & sauvent l'apparence.

D. FELIX.

D'autant plus dangereux qu'ils gardent le silence.
Votre sécurité leur fait ouvrir les yeux,
Pour saisir le moment de vous surprendre mieux.
A leurs communs efforts vous êtes seul en butte.
Plus haute est la faveur, & plus prompte est la chûte.

D. FERNAND.

Vous ne m'effrayez point ; & je sai les moyens
D'arrêter leurs projets & d'avancer les miens.
Mon frère est mon appui. Je le suis de mon frère.
Il fait tout ; je puis tout. Quel est le téméraire
Qui se hazarderoit à nous faire tomber ?

D. FELIX.

Le moindre événement vous fera succomber.
Il ne faut qu'un rapport pour causer votre perte.

D. FERNAND.

Quand tout le genre-humain me feroit guerre ouverte,

Je

ET L'INDISCRETTE.

Je ne tremblerois pas. Rien ne peut m'arrêter.
Et qui veut risquer tout n'a rien à redouter.

D. FELIX.

Ton audace est extrême, & te sera funeste.
Tu crois que je l'admire, & mon cœur la déteste;
Reprens le titre vain dont tu m'as revêtu,
Je brûle d'être grand, mais c'est par la vertu.
Livre-toi seul au moins à ta folle chimére,
Et permets la retraite à ton vertueux frère.
C'est l'unique faveur que j'exige de toi;
Et je vais, à genoux, la demander au Roi.

SCENE VIII.

D. FERNAND, *seul*.

JE me garderai bien d'appuyer sa foiblesse,
Et de prendre pour guide une froide vieillesse,
Qui ne reconnoît plus la magnanimité,
Et croit voir la vertu dans la timidité.
Non, ne nous livrons point à des frayeurs si vaines.
Le sang des Avalos boüillonne dans mes veines,
Et mon cœur échauffé de ses nobles ardeurs,
Ne peut fixer ses vœux qu'au faîte des grandeurs.

Fin du premier Acte.

ACTE II.
SCENE PREMIERE.

Dona BEATRIX, JACINTE.

Dona BEATRIX.

Aide-moi, je te prie, à ranger mes idées.
Avec attention l'on nous a regardées.
Mais je ne puis juger si les regards du Roi
S'adressoient à ma niéce, ou s'adressoient à moi.
JACINTE.
Faut-il que je vous flatte, ou que je sois sincére ;
Je suis fille à deux mains, & ne veux que vous plaire.
Dona BEATRIX.
Je n'exige de toi que la sincérité.
JACINTE.
Je vais donc sans façon dire la vérité.
Dona BEATRIX.
Je te crois pénétrante, & souvent je remarque
Que ce que tu prédis...
JACINTE.
     Notre jeune Monarque
Ne songe point à vous : non, Madame, à coup sûr ;
Mais...
Dona BEATRIX.
Vous vous oubliez, & le terme est trop dur.
J'aime la vérité, pourvû qu'on l'adoucisse.
JACINTE.
Oh ! Volontiers. Ma langue est à votre service.

Dona

Dona BEATRIX.
A tout ce que l'on dit il faut donner un tour
Qui prouve que l'on fait le jargon de la Cour,
Et qu'on peut faire prendre avec délicatesse
Aux traits les plus piquans, un air de politesse.
JACINTE.
Je savois tout cela ; mais Madame m'a dit
De parler franchement.
Dona BEATRIX.
Quand on a de l'esprit,
On ménage un peu mieux la gloire d'une femme.
Il falloit me répondre.... *Il est vrai que Madame*
Devroit charmer le Roi; mais... Ce prélude-là
Eût fait passer le reste. Entendez-vous cela ?
Voilà ce que du monde on appelle l'usage.
JACINTE.
Je n'aurai pas de peine à parler ce langage ;
Car naturellement notre sexe est porté
A ne pas affecter trop de sincérité.
Dona BEATRIX.
Notre sexe a raison. La sincérité blesse ;
Elle passe à la Cour pour une impolitesse,
Pour un manque de monde & d'éducation.
Faites votre profit de cette instruction.
JACINTE.
N'en doutez point, Madame ; & personne j'espére,
Ne se plaindra jamais que je sois trop sincére.
Dona BEATRIX.
Il faut l'être avec moi quand je l'exige ainsi ;
Mais d'un certain ton...
JACINTE.
Oui, d'un ton bien radouci.
Dona BEATRIX.
Qui marque en même tems le respect & la crainte.

JA-

JACINTE.
Mais vous-même pourtant vous dites fans contrainte
Tout ce que vous penfez ; même devant le Roi.
Dom Philippe s'en plaint.

Dona BEATRIX.
Me convient-il à moi,
Dans le rang où je fuis, de pefer mes paroles ?
Je me tiens au-deffus de ces égards frivoles ;
Ils conviennent aux gens qui veulent s'avancer ;
Moi, je puis dire tout fans m'en embarraffer.

JACINTE.
J'en conviens ; & d'ailleurs votre crédit augmente
A chaque inftant.

Dona BEATRIX.
Comment ?

JACINTE.
Votre Niéce eft charmante,
Et fes attraits naiffans vont faire du fracas,
Je vous en avertis. Je fai que vos appas
Sont cent fois plus piquans que ceux de votre Niéce,
Dont le plus grand mérite eft un air de jeuneffe,
De candeur, d'innocence, & de naïveté ;
Au lieu que vous avez un air de majefté,
Et que vous poffédez ces graces délicates....

Dona BEATRIX.
Courage, mon enfant ; je fens que tu me flattes ;
Mais tu me fais plaifir.

JACINTE.
En un mot, vos attraits
Doivent lancer par tout d'inévitables traits ;
Mais...

Dona BEATRIX.
Achéve.

JACINTE.
Du Roi l'ame préoccupée

Pan-

ET L'INDISCRETTE.

Panche pour votre Niéce, ou je suis fort trompée.
Dona BEATRIX.
A te dire le vrai, j'en ai quelque soupçon;
Et quand il m'aimeroit, comme j'aurois raison
D'y prétendre, Jacinte; après tout, ma victoire
N'auroit point d'autre effet que de flatter ma gloire:
Et quoiqu'il soit charmant, son rang ni son pouvoir
Ne me feroient jamais manquer à mon devoir.
Pour ma Niéce, elle est fille, & d'illustre naissance,
Et pourroit concevoir une haute espérance.
JACINTE.
Si j'osois m'expliquer.... je vous surprendrois bien;
Mais vous me permettrez de ne vous dire rien.
Dona BEATRIX.
Quoi? Tu sais quelque chose, & tu m'en fais mystére?
JACINTE.
C'est que d'un grand secret je suis dépositaire;
Mais on m'a défendu de vous le révéler,
Parce qu'on vous connoît un peu prompte à parler.
Dona BEATRIX.
Moi, Jacinte?
JACINTE.
   Oüi, Madame; & j'en suis très fâchée.
Vous savez à quel point je vous suis attachée;
Ce défaut me désole, & je souffre, à mourir,
De savoir un secret, sans vous le découvrir.
Dona BEATRIX.
Je te promets, Jacinte, un présent magnifique,
Si tu veux me le dire.
JACINTE.
    Avant que je m'explique,
Jurez-moi, s'il vous plaît, bien haut, bien clairement,
Que vous saurez vous taire.
Dona BEATRIX.
     Oüi, je t'en fais serment.

L'AMBITIEUX,
JACINTE.
Sur-tout à Dom Fernand gardez-vous d'en rien dire ;
Car il craint que par vous le secret ne transpire,
Et vous me perdriez dans son esprit.
Doña BEATRIX.
Suffit.
Compte que j'oublierai ce que tu m'auras dit.
JACINTE.
Je crains fort....
Doña BEATRIX.
Non, crois-moi, quand je veux, je suis fine,
Adroite, impénétrable ; & quoiqu'on s'imagine...
JACINTE.
Je compte donc sur vous, & sur votre présent.
(Elle fait la révérence.)
Doña BEATRIX.
Oüi, tu peux y compter ; viens au fait à présent.
JACINTE.
M'y voici. Vos soupçons sont bien fondés, Madame,
Le Roi sent pour Clarice une si vive flamme,
Qu'il en perd le repos, & que de son amour
On le voit maintenant occupé nuit & jour.
Dom Fernand entretient cette flamme naissante ;
Et de Dom Fernand, moi, je suis la confidente.
Je porte la parole & les tendres écrits
Du Monarque amoureux, qui paroît bien épris.
Doña BEATRIX.
O Ciel ! A quel dessein recherche-t-il ma Niéce ?
JACINTE.
Comme s'il recherchoit une grande Princesse.
Il n'est rien où vos vœux ne puissent aspirer.
Doña BEATRIX.
Quelle heureuse nouvelle ! Ah ! Je vais expirer
Si l'on veut me contraindre à renfermer ma joie.
Souffre qu'à mes amis mon transport se déploie.
Hé !

ET L'INDISCRETTE. 31

Hé ! Comment leur cacher un secret si charmant?
JACINTE, *se jettant à ses piéds.*
Madame, au nom du Ciel, gardez votre serment.
Vous devenez parjure en rompant le silence.
Dona BEATRIX
Hé bien ! Il faudra donc me faire violence.
Ah ! Quel plaisir j'aurois si j'osois m'exhaler !
Pour garder ton secret il n'en faut plus parler.
JACINTE.
Non, Madame. Traitons un point qui m'inquiéte.
Dona BEATRIX.
Et quel point ?
JACINTE.
Votre époux songe à faire retraite;
Il veut quitter la Cour.
Dona BEATRIX.
Ce n'est pas d'aujourd'hui.
JACINTE.
Mais son Pere prétend l'emmener avec lui ;
Je vous en avertis.
Dona BEATRIX
O Ciel ! Sur cette affaire
Il faut que j'entretienne au plûtôt mon beau-frere.
Va le voir de ma part, & dis-lui doucement
Qu'il vienne à mon secours dès ce même moment.
JACINTE.
J'y cours. Mais avec lui soyez très-circonspecte.
Dona BEATRIX.
Va, tu t'apercevras combien je suis secrette.

SCE-

SCENE II.

Dona BEATRIX, *seule.*

Clarice jusqu'ici m'a caché son bonheur.
Mais elle vient. Il faut que je sonde son cœur;
Elle est simple, ingénue, & de son innocence
J'attens de son secret l'entiére confidence.

SCENE III.

Dona BEATRIX, Dona CLARICE.

Dona BEATRIX.
Qui cherchez-vous, ma Niéce?
Dona CLARICE.
Hélas! Je n'en sai rien.
Dona BEATRIX.
Vous paroissez rêveuse.
Dona CLARICE.
Oüi, je le suis.
Dona BEATRIX.
Fort bien.
Mais à quoi rêvez-vous?
Dona CLARICE.
Je rêve à quelque chose
Qui me fait soûpirer.
Dona BEATRIX.
Puis-je en savoir la cause,
Mon enfant?

Dona

Dona CLARICE.
Non, ma Tante, on ne dit point cela.
Dona BEATRIX.
Ouvrez-moi votre cœur.
Dona CLARICE.
Nous n'en ſommes pas là.
Quand il en ſera tems, vous ſaurez ma penſée.
Dona BEATRIX.
Oh, oh! Pour un enfant vous êtes avancée.
Vous ſavez, quand il faut, ou vous taire, ou parler?
Dona CLARICE.
Mais... J'étudie un peu l'art de diſſimuler.
Car on dit qu'à la Cour cet art eſt néceſſaire,
Et qu'on n'y brille pas, quand on eſt trop ſincére.
Dona BEATRIX.
Comment donc? De l'eſprit? De la réflexion?
Je vous connoiſſois mal. A quelle occaſion
Me dites-vous cela? Vous étiez ſi naïve:
Vous laſſez-vous de l'être?
Dona CLARICE.
Oüi. Par ce qui m'arrive,
Je vois qu'il faut ici cacher ſes ſentimens,
Etre contre ſoi-même en garde à tous momens,
Ecouter ſans rien croire, & parler ſans rien dire.
Dona BEATRIX.
Vous ſoûpirez, je penſe?
Dona CLARICE.
Hélas! Oüi, je ſoûpire,
Et j'en ai bien ſujet.
Dona BEATRIX.
Ce langoureux propos
Marque que votre cœur n'eſt pas trop en repos.
Ce trouble a ſûrement quelque cauſe ſecrette:
Allons, dites-la moi; car je ſuis très-diſcrette.

D   Dona

Dona CLARICE.
Ma Tante, on dit que non.

Dona BEATRIX.
Belle ingénuité !

Dona CLARICE.
Excusez, si je parle avec sincérité.

Dona BEATRIX.
Brisons sur ce sujet. Qu'est-ce qui vous tourmente ?
Il faut me l'avouer.

Dona CLARICE.
Je n'oserois, ma Tante.

Dona BEATRIX.
Comment vous n'oseriez ? Oh bien ! Je prétens, moi,
Que vous l'osiez.

Dona CLARICE.
Je fai tout ce que je vous doi.
Mais peut-être irez-vous révéler ma pensée.
J'en mourrois de dépit.

Dona BEATRIX.
Non, je suis trop sensée.
Je sai ce qu'il faut dire, & ce qu'il faut cacher.
Parlez à cœur ouvert.

Dona CLARICE.
Hé bien, j'y vais tâcher.
Mais interrogez-moi, je serai moins honteuse.

Dona BEATRIX.
Toutes ces façons-là me rendent curieuse.
Connoissez-vous quelqu'un que vous aimiez à voir ?
Qui touche votre cœur ? Qui sache l'émouvoir ?

Dona CLARICE, *en soûpirant.*
Oui, ma Tante.

Dona BEATRIX.
Fort bien. Et ce quelqu'un, ma Niéce,
Est-il digne de vous, & de votre tendresse ?

Dona CLARICE.

Il feroit mon bonheur, si je faisois le sien ;
Mais j'ai crû qu'il m'aimoit, & je n'en croi plus rien.

Dona BEATRIX.

Vous vous trompez, Clarice, il vous est très-fidèle.

Dona CLARICE.

Vous vous trompez vous-même. Il me trouvoit
  si belle !
J'en étois si flattée ! Et quelle est ma douleur
De voir que l'inconstant m'a dérobé son cœur !
Heureusement pour moi j'ai sû, malgré-moi-même,
Jusques à cet instant lui cacher que je l'aime :
Non, il n'en saura rien, & j'en ai fait serment.

Dona BEATRIX.

Vous avez tort.

Dona CLARICE.

Pourquoi ?

Dona BEATRIX.

J'apprens dans ce moment
Que son cœur tout à vous brûle d'avoir le vôtre.

Dona CLARICE.

S'il m'aimoit, pourroit-il me parler pour un autre ?

Dona BEATRIX.

Pour un autre ?

Dona CLARICE.

Oui. L'ingrat veut que j'aime le Roi ;
Il m'en parle à toute heure. Hé ! Dépend-il de moi
D'aimer, de n'aimer plus ? Je le croyois sincére ;
Mais c'est pour me tromper qu'il a voulu me plaire.

Dona BEATRIX.

Je ne vous entens plus. Quel est cet inconstant
Qui parle pour un autre, & que vous aimez tant ?

Dona CLARICE.

Hé mais... C'est Dom Fernand.

D 2

Dona BEATRIX.

Dom Fernand! Ciel! Qu'entens-je?
Vous me faites ici l'aveu le plus étrange
Que l'on ait jamais fait.

Dona CLARICE.

Et pourquoi, s'il vous plaît?
Dom Fernand est aimable.

Dona BEATRIX.

Oüi, je conviens qu'il l'est;
Mais je sai que le Roi vous aime, vous adore.
Et comment Dom Fernand peut-il vous plaire encore.

Dona CLARICE.

Il me plaira toujours.

Dona BEATRIX.

Je vous garantis, moi,
Qu'il ne vous plaira plus; & je veux que le Roi
Occupe tout entier ce petit cœur bizarre,
Qui, sans me consulter s'abandonne & s'égare
Jusqu'à vouloir au Roi préférer Dom Fernand.
Le plaisant héroïsme! Ah! C'est bien maintenant...
Je mourrois de douleur, s'il savoit la foiblesse
Que vous avez pour lui. Combattez-là sans cesse,
Et prenez soin sur tout de la lui bien cacher.
Il vient. Contraignez-vous.

SCENE IV.

D. FERNAND, Dona BEATRIX, Dona CLARICE.

Dona BEATRIX, à Dom Fernand.

Vous veniez me chercher,
Sans doute?

D.

ET L'INDISCRETTE.

D. FERNAND.
Oüi, Madame, & j'apprens par Jacinte...

Doña BEATRIX.
Je suis dans des frayeurs...

D. FERNAND.
Bannissez toute crainte
Dom Philippe & mon Pere ont fort pressé le Roi,
Heureusement pour nous il n'écoute que moi.
Ils ont fait l'un & l'autre une démarche vaine.
Mon frere restera ; soyez-en bien certaine.

Doña BEATRIX.
Que vous me ravissez!

D. FERNAND, *bas à Clarice.*
Ne pourrois-je un moment
Vous parler en secret.

Doña BEATRIX, *à D. Fernand.*
Quoi ? Sérieusement ?
Dom Philippe demande à sortir de sa place ?

D. FERNAND.
Oüi, Madame.

Doña BEATRIX.
Le lâche !

D. FERNAND.
Il n'est rien qu'il ne fasse
Pour en venir à bout. Mais il n'obtiendra rien.

(*Bas à Clarice.*)
Le Roi veut avec vous avoir un entretien.

Doña BEATRIX, *à D. Fernand.*
Que lui dites-vous là ?

D. FERNAND.
Moi ? Rien. Je me retire.

Doña BEATRIX.
Je voi que vous avez quelque chose à lui dire.

D. FERNAND.
Nullement je venois pour vous calmer l'esprit.

D 3   Vous

L'AMBITIEUX,

Vous voilà rassurée, & cela me suffit.

Dona BEATRIX.

Non, Seigneur, vous aviez ici quelqu'autre affaire.

D. FERNAND.

Sur quoi le croyez-vous ?

Dona BEATRIX.

Mon Dieu, que de mystére !
Vous venez pour Clarice, & je sai le sujet
Qui vous améne. En vain vous faites le discret.

D. FERNAND.

Madame, je ne sai ce que vous voulez dire.

Dona BEATRIX.

Vous croyez m'imposer, & c'est ce que j'admire ;
Mais sachez qu'il n'est rien qui me puisse échaper,
Et qu'on est bien adroit quand on peut me tromper.

D. FERNAND, à Dona Clarice.

Vous avez donc parlé ?

Dona BEATRIX.

Point du tout. C'est Jacinte.
Elle m'a mise au fait. Ainsi plus de contrainte.
Tenons ici conseil, & prenez mes avis ;
Tout n'en ira que mieux, quand ils seront suivis.
Vous voilà consterné !

D. FERNAND.

J'ai bien sujet de l'être.

Dona BEATRIX.

Pourquoi ?

D. FERNAND.

Vous me perdrez dans l'esprit de mon maître,
Si vous dites un mot avant qu'il en soit tems.

Dona BEATRIX.

Seigneur, je sai garder des secrets importans.
Je pourrois m'échapper sur quelque bagatelle.
Pour cette affaire-ci, si quelqu'un la révéle,
Ce ne sera pas moi ; n'ayez plus de frayeur.

D.

ET L'INDISCRETTE.

D. FERNAND.

Madame, songez-y : votre propre bonheur
Va dépendre de vous.

Dona BEATRIX.

Vous verrez ma prudence ;
Mettez-moi hardiment dans votre confidence.

D. FERNAND.

Puisque vous savez tout, je me tairois en vain.
Sûr de ce que je puis, je forme un grand dessein
Pour Clarice. Je sçais à quel point le Roi l'aime.
On peut tout espérer de son ardeur extrême.
Mais pour hâter l'effet de cette passion,
Il faut parler, agir avec précaution ;
Prévenir tout obstacle, & disposer mon frère ;
Car c'est lui que je crains.

Dona BEATRIX.

Il nous seroit contraire ?

D. FERNAND.

Peut-être. Je connois sa façon de penser.

Dona BEATRIX.

Il nous secondera, loin de nous traverser,
J'en répons. Pour Clarice, elle est sous ma tutelle,
Elle doit m'obéir, je répons aussi d'elle.

Dona CLARICE, à Dom Fernand.

Où me conduisez-vous ?

D. FERNAND.

Au comble des grandeurs.
Le sort va, sur nous tous, épuiser ses faveurs.
N'allez pas vous piquer d'une vaine prudence.

Dona BEATRIX.

Quoi ! vous la soupçonnez de cette extravagance ?

D. FERNAND.

Quand la fortune s'offre, on doit en profiter ;
Et tant qu'elle nous porte, il faut toujours monter.

D 4   Dona

Dona BEATRIX, *avec transport.*

Je vole, je m'éleve, & je suis dans les nuës.
      (*à Dona Clarice.*)
Jusques au firmament nous voilà parvenuës,
Mon enfant. Quel éclat ! Je sens en ce moment
Une espéce d'extase & de ravissement.
Mais animez-vous donc, & paroissez sensible
A cet effort brillant...

Dona CLARICE.

          Cela m'est impossible.

Dona BEATRIX.

Et par quelle raison ?

Dona CLARICE.

          C'est que ce que j'apprens
Ne m'émeut point du tout.

Dona BEATRIX.

          Ces airs indifférens
Vous conviennent fort bien ! Comment ? Le Roi
    vous aime,
Et vous ?...

D. FERNAND.

Parlez plus bas.

Dona BEATRIX.

          Je suis hors de moi-même,
(*Parlant d'un ton encore plus élevé.*)
On veut la faire Reine, &...

D. FERNAND.

          L'on vous entendra.
Oubliez ce projet.

Dona BEATRIX.

          Hé bien, on l'oubliera.
Mais vous ne sentez pas jusqu'où va sa folie,
Ni quel est le sujet de sa mélancolie.
C'est qu'elle a dans le cœur une inclination,
Et se pique déja de belle passion.

                                  D.

ET L'INDISCRETTE.

D. FERNAND, *à Dona Clarice.*

Vous, Madame ?

Dona CLARICE, *à Dona Béatrix.*

Ma Tante, épargnez-moi, de grace.

Dona BEATRIX.

Non, non, dans votre cœur je voi ce qui se passe.

Dona CLARICE.

Il ne s'y passe rien.

Dona BEATRIX.

Vous dépendez de moi.

Dona CLARICE.

Oüi, ma Tante.

Dona BEATRIX.

Et je veux que vous aimiez le Roi...
Et non pas Dom Fernand.

D. FERNAND, *à Dona Béatrix.*

Qui peut vous faire croire
Qu'elle m'aime ?

Dona BEATRIX.

Hé ! Seigneur, je sais toute l'histoire.

D. FERNAND.

Par qui ?

Dona BEATRIX.

Par elle-même ; & très-distinctement
Elle s'est plainte à moi du peu d'empressement
Que depuis quelques jours vous témoigniez pour elle,
Tandis que pour le Roi vous aviez tant de zéle.
Que vous dirai-je enfin ? Un Prince, auprès de vous
Lui paroît méprisable.

D. FERNAND, *à part.*

O triomphe trop doux !

(*à Dona Clarice.*)

Me dit-on vrai, Madame ?

Dona CLARICE, *à part.*

Hélas !

Dona BEATRIX.

Elle soupire,
Et vous entendez bien ce que cela veut dire.

D. FERNAND, *à part.*

Je ne l'entens que trop. Que je serois heureux,
Si l'amour pouvoit seul contenter tous mes vœux!
  (*à Dona Clarice*)
Madame, je n'ai point la vanité de croire
Que vous veuilliez pour moi renoncer à la gloire
Où vos divins appas peuvent vous élever.
Quand l'amour le voudroit, il falloit le braver.
Songez qu'un Roi vous aime; un Roi, dont la tendresse
Auroit de quoi charmer la plus grande Princesse :
Sa personne, son rang, tout vous parle pour lui.

Dona BEATRIX.

Et moi, je parle aussi. Je prétens qu'aujourd'hui
Vous brilliez à ses yeux, & lui fassiez connoître
Qu'il est autant aimé qu'il mérite de l'être.
Venez, belle indolente. Avant de vous montrer,
Des plus riches atours, je m'en vais vous parer.
  (*Dona Clarice, en sortant, jette un regard triste
  & tendre sur Dom Fernand.*)

SCENE V.

D. FERNAND, *seul.*

Où suis-je? Vous m'aimez, adorable Clarice;
Mais en comblant mes vœux vous faites mon
  supplice.
Je croyois aimer seul; & sur ma passion
Je donnois la victoire à mon ambition;
Et l'amour par l'aveu qu'il me force de croire,

Veut

Veut sur l'ambition remporter la victoire ;
Il le veut. Mais en vain il ose le tenter,
Et, quoiqu'il m'ait surpris, il ne peut me domter.
Est-ce à moi de sentir & ses feux & ses flammes ?
L'amour ne doit régner que sur de foibles ames ;
Et la mienne est d'un ordre, & trop noble, & trop grand
Pour se soumettre aux loix d'un si lâche tyran.
O noble ambition ! Tu seras la plus forte ;
Et sur tous mes désirs ton intérêt l'emporte.
C'est mon plus cher objet, c'est mon unique loi,
Et toute autre foiblesse est indigne de moi.

SCENE VI.

D. PHILIPPE, D. FERNAND.

D. FERNAND.

Vous venez à propos. J'allois chez vous, mon frère.

D. PHILIPPE.

J'allois chez vous aussi. Car il est nécessaire
Que nous ayons ensemble un entretien secret,
Mon Pere vous a dit....

D. FERNAND.

Brisons sur ce sujet.
Je viens vous proposer deux projets magnifiques,
Dignes d'être admirés des plus grands politiques.
Aux postes éclatans c'est peu de parvenir,
Mon frère ; le grand art est de s'y maintenir.
Comment s'y maintient-on ? Par des appuis durables.
Or, j'en voi deux pour nous qui sont inébranlables,
Et dont je me tiens sûr pour peu que vous m'aidiez.
Le voulez-vous ?

D.

L'AMBITIEUX,

D. PHILIPPE.
J'attens que vous vous expliquiez :
Et si votre projet n'est point une chimére....

D. FERNAND.
Moi chimérique ? Moi ?

D. PHILIPPE.
Passons, passons, mon frère.
Je me défie un peu de votre ambition.
Mais nous n'entrerons point en explication.
Venez au fait.

D. FERNAND.
J'y viens. Mais trêve de sagesse :
Moins de raisonnemens & plus de hardiesse.
Nous gouvernons tous deux. Quoique nous hazardions,
Nous pouvons tout, pourvû que nous nous entendions,

D. PHILIPPE.
Voyons.

D. FERNAND.
Vous en ferez bien-tôt l'expérience.
Je médite, mon frère, une double alliance.
La premiére, pour vous ; la seconde, pour moi.
Je serai le beau frère ; & vous, l'oncle du Roi.
Vous paroissez surpris ?

D. PHILIPPE.
Ce que je viens d'entendre,
Avouez-le vous-même, a lieu de me surprendre.
Moi, l'oncle de mon maître ? Et vous, son beau-frère ?

D. FERNAND.
Oüi.

D. PHILIPPE.
Vous avez pû former ce projet inoüi ?

D. FERNAND.
Pourquoi non ?

D.

ET L'INDISCRETTE.

D. PHILIPPE.

Pourquoi non? La queſtion eſt belle!
Mon frère, ſavez-vous comment cela s'appelle?

D. FERNAND.

Un projet noble & grand.

D. PHILIPPE.

Un projet inſenſé,
Auquel un bon eſprit n'auroit jamais penſé.

D. FERNAND.

Et ſi je vous prouvois que rien n'eſt plus facile?

D. PHILIPPE.

Si vous me le prouviez, vous ſeriez bien habile.

D. FERNAND.

Nous reviendrons à vous. Parlons de moi d'abord.
Vous ſavez qu'aujourd'hui le Connétable eſt mort.

D. PHILIPPE.

Cette perte ne peut être aſſez déplorée
Par le Roi, par l'Etat...

D. FERNAND.

La perte eſt réparée :
J'ai demandé la Charge; & j'en ſuis revêtu.

D. PHILIPPE.

A votre âge? Bon-Dieu!

D. FERNAND.

L'âge, c'eſt la vertu,
Le courage; & non pas le nombre des années.

D. PHILIPPE.

Mais...

D. FERNAND.

Les poſſeſſions que le Roi m'à données,
Formeront déſormais une Principauté
Que je fais ériger en Souveraineté.
Me voilà Prince, enfin; & l'éclat dont je brille,
Raprochera de moi l'Infante de Caſtille.

D.

L'AMBITIEUX,
D. PHILIPPE.
Elle ? Connoissez-vous sa fierté, sa hauteur ?
D. FERNAND.
Oüi : mais l'amour peut tout, & parle en ma faveur.
Vous ne m'en croyez pas ; mais croyez-en l'Infante ;
Où plutôt ce billet, qu'écrit sa confidente.
     (Il lui présente une lettre.)
D. PHILIPPE, lit.
J'avois fait jusqu'ici des efforts superflus
   Pour vous prouver mon zéle extrême :
Enfin, j'ai réussi ; la Princesse vous aime.
L'orgueil combat encor ; mais ne le craignez plus.
D. FERNAND.
Vous êtes étonné ? Suis-je si chimérique ?
Sur ce qui vous regarde, il faut que je m'explique
A présent. Vous savez que dès le premier jour
Votre Niéce Clarice a fait bruit à la Cour ;
Que sa rare beauté frappe, saisit, enchante ;
Que sa taille est divine, & sa voix ravissante ;
Que ses yeux....
D. PHILIPPE.
   Ils sont beaux ; mais demeurons-en là.
Et que concluez-vous enfin de tout cela ?
D. FERNAND.
Que le Roi l'aime.
D. PHILIPPE.
  Ensuite ?
D. FERNAND.
     Et qu'en un mot j'espére
La lui faire épouser.
D. PHILIPPE.
  Est-ce tout ?
D. FERNAND.
   Oüi.

D. PHILIPPE.
Mon frère,
Je répons en trois mots ; & quoique très concis,
Mon discours sûrement sera clair & précis.
D. FERNAND.
J'écoute.
D. PHILIPPE.
Votre idée à l'égard de l'Infante
Est plus que téméraire, elle est extravagante.
D. FERNAND.
Mon frère !...
D. PHILIPPE.
Je l'ai dit, je ne m'en dédis point,
Quoi qu'il puisse arriver. Et quant au second point,
Ma réponse sera pour le moins aussi nette.
Un Roi ne doit jamais épouser sa sujette,
De quelque illustre sang qu'elle puisse sortir.
L'intérêt de l'Etat n'y sauroit consentir.
Comme cet intérêt m'est plus cher que ma vie,
Je souffrirai plûtôt qu'elle me soit ravie,
Que de porter mon Prince à se déshonorer.
D. FERNAND.
Quoi donc ? Contre vous-même ainsi vous déclarer ?
Clarice est votre Niéce..
D. PHILIPPE.
Et fût-elle ma fille,
Dois-je sacrifier mon Maître à ma famille ?
Non, il n'en sera rien. Vous me pressez en vain,
Et je veux prévenir ce funeste dessein.
D'ailleurs, vous, qui croyez être un grand politique,
Nous immolerez-vous à la haine publique ?
Car vous risquez ici plus que vous ne pensez ;
Et nous sommes perdus, si vous réüssissez.
D. FERNAND
Quelle indigne frayeur ! Un mot va vous confondre,

Je fuivrai mes deſſeins, & j'oſe vous répondre
Qu'ils auront le ſuccès que je m'en ſuis promis,
Dûſſions - nous, vous & moi, devenir ennemis.
Qu'un héroïſme vain ceſſe de vous ſéduire,
Vous étes mon ouvrage, & je puis le détruire.
Adieu ; ſongez-y bien.

SCENE VII.

D. PHILIPPE, ſeul.

Tu crois m'intimider ;
Mais pour te traverſer je vais tout haſarder.
Je veux rendre à l'Etat cet important ſervice
En dépit...

SCENE VIII.

D. PHILIPPE, D. LOUIS.

D. PHILIPPE.

Ah! Seigneur, une étoile propice
Vous améne vers moi. Vous ne pouviez jamais
Me trouver plus d'ardeur à conclure la Paix.
Pour la mieux cimenter, & couronner l'ouvrage,
Je reviens au projet du double mariage,
Si le Roi d'Arragon y penſe abſolument.

D. LOUIS.

Oüi. Mon inſtruction m'ordonne expreſſément

De demander pour lui l'Infante de Castille.
Pour la Sœur de mon Maître, elle a chargé ma fille
De tous ses intérêts. L'Infante d'Arragon
Lui donne plein-pouvoir de traiter en son nom ;
Pouvoir autorisé, confirmé par son frère.
           D. PHILIPPE.
Par quel motif ?
           D. LOUIS.
              Il sait qu'elle a l'ame trop fiére,
Le cœur trop délicat pour accepter un Roi,
A qui l'intérêt seul engageroit sa foi ;
Et que pour l'épouser il faudra qu'elle l'aime.
C'est ma fille, Seigneur, comme un autre elle-même,
Qui seule a le pouvoir de la déterminer
A refuser sa main, ou bien à la donner.
N'en soyez point surpris. De notre aimable Infante,
Ma fille fut toujours l'unique confidente,
La plus intime amie ; ainsi sa volonté
Va nous faire signer ou rompre le Traité.
           D. PHILIPPE.
Une telle puissance est rare & merveilleuse,
Et rend mon entreprise incertaine, épineuse.
           D. LOUIS.
Moi, j'ose en espérer un très-heureux effet.
Ma fille vous attend dans votre cabinet
Pour traiter avec vous ; mais ne veut rien conclure
Sur le Roi votre Maître, avant que d'être sûre
Qu'il ressemble au portrait qu'on en fait en tous lieux
           D. PHILIPPE.
C'est un Prince accompli. Ses augustes ayeux
N'ont rien fait de si grand, qu'il n'efface ou n'égale.
           D. LOUIS.
Je le sai. Mais, Seigneur, on craint qu'une rivale
N'ait déjà prévenu son inclination.
Nous connoissons l'Infante. Elle a l'ambition
De plaire uniquement à l'époux qu'on lui donne,

                    E   Et

50 L'AMBITIEUX,
Et souhaite son cœur bien plus que sa couronne.
D. PHILIPPE.
Elle aura l'un & l'autre; & je les lui promets.
Entrons pour discuter nos divers intérêts :
Et de mon cabinet nous irons chez mon Maître,
Afin que votre fille ait le tems de connoître
Qu'il est digne des vœux de la sœur d'un grand Roi,
Et que tout l'univers doit penser comme moi.

Fin du second Acte.

ACTE III.

SCENE PREMIERE.

L'INFANTE, D. LOUIS.

D. LOUIS.

Pourquoi si brusquement rompre la conférence,
Madame, où fuyez vous ?

L'INFANTE.

Seigneur, la déférence,
Le respect, que pour moi vous faites éclater,
Trahit notre secret ; & je dois éviter
Un Ministre éclairé, prêt à me reconnoître.

D. LOUIS.

Hé qu'importe ? Le Roi, votre frère & mon maître,
Madame, m'a permis de lui tout déclarer,
Si dans nos intérêts je pouvois l'attirer.
Je viens de me convaincre, & vous voyez vous-même
Qu'il veut les embrasser avec un zéle extrême;
Et je puis maintenant, avec juste raison,
Lui découvrir en vous l'Infante d'Arragon.

L'INFANTE.

Me déclarer si-tôt à la Cour de Castille ?

D. LOUIS.

Pour tout autre que lui, soyez encor ma fille.
Dom Philippe est discret, & sa rare vertu....

L'INFANTE.

Cruelle politique, à quoi m'engages-tu ?

Où m'as-tu fait venir?
D. LOUIS.
Dans nos tristes alarmes
Notre unique ressource est celle de vos charmes,
Ils feront plus pour nous que mes efforts pressans.
Mon Maître s'est flatté qu'ils seroient tout puissans,
Et qu'un jeune Monarque y devenant sensible,
Sur l'accord proposé seroit moins inflexible.
C'est moi qui suggerai ce projet hazardé :
Le besoin l'éxigeoit, il a persuadé.
Ne nous condamnez point ; par un sort trop funeste,
Votre secours, Princesse, est le seul qui nous reste.
Si vous nous en privez, votre frère périt.
Faites agir pour lui tant d'attraits, tant d'esprit,
Dont le ciel bienfaisant orna votre naissance.
Quelquefois le péril fait taire la prudence.
L'INFANTE.
Je ne le vois que trop. Mais il faut, tôt ou tard,
Qu'on sache qui je suis, & je cours le hazard
De me voir en ces lieux injustement blâmée.
D. LOUIS.
De ce scrupule vain cessez d'être alarmée.
Nous prendrons tout sur nous pour vous justifier,
Quand le Traité conclu pourra se publier.
Mais cachez pour un tems le besoin qui nous presse.
Si vous vous déclarez, dites toujours, Princesse,
Que vous avez risqué de venir en ces lieux
Pour connoître le Roi, pour le voir de vos yeux,
Pour l'épouser par choix, & non par politique.
Ce discours spécieux tiendra de l'héroïque ;
Je connois cette Cour, il y réussira ;
Et, loin de vous blâmer, on vous admirera.

SCE-

SCENE II.

L'INFANTE, D. PHILIPPE, D. LOUIS.

D. PHILIPPE, à l'Infante.

Vous me fuyez en vain. Toute votre prudence
Ne sauroit me cacher votre illustre naissance.
Cent traits marqués, cet air, & si noble & si grand,
M'informent, malgré vous, de votre auguste rang.

D. LOUIS.

Oüi, Seigneur, vous voyez une jeune Princesse,
Pour qui le Roi son frère a porté sa tendresse
Jusques à consentir, après de longs refus
Que les soupirs, les pleurs ont rendu superflus,
Qu'elle vint avec moi sous le nom de ma fille,
Demeurer quelques jours à la Cour de Castille.
Ce myſtére est nouveau, mais si bien concerté,
Que jusques à présent il n'a point éclaté.

L'INFANTE, à D. Philippe.

D'avance, vous savez le motif qui m'engage
A ce pas délicat. Par un barbare usage,
Des filles de mon rang on oblige la foi,
Sans consulter leur cœur. A cette dure loi
J'ai voulu me souſtraire, en jugeant par moi-même
Si le Roi vôtre Maître est digne que je l'aime,
Craignant de m'abuser sur les rapports flatteurs
Qui nous viennent souvent par nos Ambassadeurs.

D. PHILIPPE.

Ce projet me surprend, mais il est héroïque;
J'y vois, de vos vertus, une preuve autentique :
Et, vouloir que la main soit un présent du cœur,

L'AMBITIEUX,

C'est chercher dans l'hymen le souverain bonheur.
Princesse, en m'honorant de votre confiance,
De ma discrétion faites l'expérience.
L'intérêt de l'Etat à mes soins confié,
Se trouve avec le vôtre étroitement lié.
J'ose vous l'avouer avec cette franchise,
Qui d'abord sembleroit ne m'être pas permise,
Mais que je croi devoir à votre illustre sang.
Je vous aiderai même à cacher votre rang,
Mais sans porter trop loin votre délicatesse,
Qui promet à mon Maître une extrême tendresse...

SCENE III.

L'INFANTE, D. PHILIPPE, D. LOUIS, Dona BEATRIX, JACINTE.

Dona BEATRIX, *à Jacinte*.

Qu'à mes ordres, Jacinte, on fasse attention.
Vite, dépêchez-vous.

SCENE IV.

L'INFANTE, D. PHILIPPE, D. LOUIS, Dona BEATRIX.

D. PHILIPPE, *à Dona Béatrix*.

Quelle indiscrétion !
Quoi ! Ne voyez-vous pas ?....

Dona

ET L'INDISCRETTE.

Dona BEATRIX.
J'appelle tout le monde,
Je vais, je viens, je cours, & nul ne me seconde.
Je n'en puis plus. Mon soin met tout en mouvement;
Et vous, vous demeurez ici tranquillement.

D. PHILIPPE.
Mais devant Dom Louis soyez moins turbulente.

Dona BEATRIX, à D. Louis.
Ah! Pardonnez, Seigneur; une affaire importante
M'occupe tellement que je ne pensois pas....
(à l'Infante,)
Et vous aussi, Madame, excusez l'embarras...

L'INFANTE.
Ah! Madame....

Dona BEATRIX.
En courant, souffrez qu'on vous embrasse.

L'INFANTE.
Vous me faites honneur.

Dona BEATRIX, à D. Philippe.
Vous êtes tout de glace,
Quand il faut....

D. PHILIPPE.
Hé! Cessez...

Dona BEATRIX, à l'Infante.
Demain j'irai vous voir,
Et je veux avec vous causer jusques au soir.
Je ne puis maintenant vous dire une parole;
Je suis dans une joie!.... Oh! J'en deviendrai folle.

D. PHILIPPE, à Dona Beatrix.
Mais quel est le sujet de ce bruyant transport?

Dona BEATRIX.
Vous ne le savez pas?

D. PHILIPPE.
Moi? Non.

Dona BEATRIX.
Vous avez tort,

C'est vous qui, sûrement, auriez dû me l'apprendre.
Voulez-vous que le Roi vienne ici nous surprendre,
Sans être préparés à le recevoir ?

D. PHILIPPE.

Quoi ?
Que nous dites-vous ?

Dona BEATRIX.

Mais, je vous dis que le Roi
Va venir à l'instant, & qu'il nous l'a fait dire.

D. PHILIPPE, à part.

Qu'entens-je ? Juste Ciel !

D. LOUIS.

Seigneur, je me retire.
(à l'Infante.)
Ma fille, venez-vous ?

L'INFANTE.

Moi ? Non, je vais rester.

Dona BEATRIX, à l'Infante.

Oüi, oüi, restez ici ; je vais vous présenter.

D. PHILIPPE, à part.

Autre imprudence. Il vient, sans doute, pour ma
   Niéce,
Tout va se découvrir aux yeux de la Princesse.
(à l'Infante.)
M'en croirez-vous, Madame, il n'est pas encor tems
Que vous voyiez le Roi ; différez....

L'INFANTE.

Non, j'attens
Qu'il paroisse en ce lieu.

D. PHILIPPE.

Mais je crains...

L'INFANTE.

Hé ! De grace,
Souffrez, sans différer, que je me satisfasse.
L'instant est favorable, & j'en dois profiter.

D.

ET L'INDISCRETTE. 57
D. PHILIPPE.
Puisque vous le voulez, je n'ose y résister.
Pour recevoir mon Maître, il faut que je vous quitte.
(à part.)
Et mon devoir m'y force. O fatale visite!

SCENE V.

L'INFANTE, Dona BEATRIX.

Dona BEATRIX.
Vous allez voir un Prince accompli de tout point :
Et pour moi, j'avoüerai que je ne le voi point
Sans quelque émotion. Sa figure est charmante ;
Il a dans le regard une langueur touchante
Qui frappe, qui saisit, & qui va jusqu'au cœur.
Celle qu'il fera Reine aura bien du bonheur.
L'INFANTE.
En sa faveur, peut-être, êtes-vous prévenuë?
Dona BEATRIX.
Vous le serez de même à la premiére vûë.
L'INFANTE.
Sa visite chez vous ne doit plus m'étonner.
Il vous cherche, sans doute?
Dona BEATRIX.
On en va raisonner,
Comme vous jugez bien ; &, sans m'en faire accroire,
J'aurois quelque raison de m'en donner la gloire.
Mais non, de cet honneur je ne suis point l'objet;
Et le Roi vient ici pour un autre sujet.
L'INFANTE.
Pourriez-vous me le dire?

E 5 Dona

Dona BEATRIX.
Ah! Je suis trop discrete.
Si vous me promettiez pourtant d'être secrete....
L'INFANTE.
Oüi.
Dona BEATRIX.
Je n'aime rien tant que la discrétion,
Elle est essentielle en cette occasion.
Vous saurez donc... Mais non, j'ai juré de me taire.
L'affaire est délicate, & c'est un grand mystére.
L'INFANTE.
Si vous avez juré, je me garderai bien....
Dona BEATRIX.
Mais je croi qu'avec vous je ne risquerai rien;
Vous m'inspirez d'abord un fond de confiance...
Au moins promettez-moi de garder le silence.
L'INFANTE.
Quoi! Vous vous défiez?...
Dona BEATRIX.
Non; je puis vous parler,
Et m'ouvrir avec vous, sans rien dissimuler.
(à demi bas, & confidémment.)
Le Roi ne vient ici que pour y voir ma Niéce,
Dont il est amoureux.
L'INFANTE, *vivement.*
Il auroit la foiblesse
De s'abaisser au point?...
Dona BEATRIX.
S'abaisser, dites-vous?
Le Roi peut, sans rougir, devenir son époux.
Elle est d'un sang....
L'INFANTE, *à part.*
Qu'entens-je? Elle me désespére.
Dona BEATRIX.
Quoi donc? Ce que je dis vous met-il en colére?

ET L'INDISCRETTE.

L'INFANTE, *prenant un air tranquille.*
Non ; mais je ne croi pas que le Roi...
Dona BEATRIX.
Pourquoi non ?
L'INFANTE.
Quand nous lui propofons l'Infante d'Arragon,
Y penfez-vous ?...
Dona BEATRIX.
Fort bien. Ma Niéce eft fi charmante,
Qu'elle peut aifément faire oublier l'Infante.
L'INFANTE.
J'efpére que l'effet vous défabufera :
Et l'Infante eft d'un rang...
Dona BEATRIX.
Tout ce qu'il vous plaira.
L'Infante, je l'avouë, eft d'un rang refpectable ;
Elle eft Sœur d'un grand Roi, mais Clarice eft aimable.
Ah, le beau titre !
L'INFANTE.
On peut en produire un pareil.
Dona BEATRIX.
J'en doute.
L'INFANTE.
Oferoit-on vous donner un confeil ?
Cette Princeffe, un jour, peut être votre Reine ;
Ne vous expofez pas à mériter fa haine.
Dona BEATRIX.
Je crains peu... Mais on vient. Sans doute, c'eft le
 Roi.
L'INFANTE, *à part.*
Dans quel trouble je fuis !
Dona BEATRIX, *à l'Infante.*
Tenez-vous près de moi.

SCE-

SCENE VI.

LE ROI, L'INFANTE, D. PHILIPPE, Dona BEATRIX.

LE ROI, à D. Philippe.

Cessez d'être surpris d'une telle visite.
Je sai, quand il le faut, honorer le mérite.
Il est toujours présent à mon attention,
Et le vôtre exigeoit cette distinction.

D. PHILIPPE.

Sire, tant de bonté ne sert qu'à me confondre ;
Et mon silence seul....

Dona BEATRIX, bas à D. Philippe.

Je m'en vais lui répondre ;
Car les termes, Seigneur, ne me manquent jamais.
(*Au Roi.*)
Sire, si Dom Philippe....

D. PHILIPPE, bas à Dona Béatrix.

Hé quoi ? Vous osez !...

Dona BEATRIX, bas à D. Philippe.

Paix.
Laissez-moi parler.

D. PHILIPPE, à part.

Ciel !

Dona BEATRIX, au Roi.

Si c'est par son silence,
Sire, qu'il vous répond, c'est que son éloquence,
Trop foible & trop modeste en cette occasion,
Quand il faudroit briller, manque d'expression.
J'oserai donc pour lui ...

Pendant la harangue de Dona Béatrix, D. Philippe
fait

ET L'INDISCRETTE.

fait ce qu'il peut par signes, & en la tirant, pour la faire taire; & plus il paroît impatient, plus elle éleve sa voix.

D. PHILIPPE, *à part.*

Je souffre le martyre.

LE ROI.

Moi-même, je me dis ce que vous voulez dire,
Madame; & je suis sûr de tous ses sentimens:
Ainsi dispensez-vous de tant de complimens.

Dona BEATRIX.

Malgré moi je me tais, puisque l'on me l'ordonne
Mais j'ai peine....

LE ROI, *appercevant l'Infante.*

Quelle est cette jeune personne?

Dona BEATRIX, *vivement.*

Sire, permettez-moi de vous la présenter.
Elle m'en a priée, & j'ose me flatter
Que vous l'honorerez d'un accueil favorable.

LE ROI.

Je la trouve charmante.

Dona BEATRIX, *d'un air indifférent.*

Elle est assez aimable.

LE ROI, *à l'Infante.*

De grace, votre nom ?

L'INFANTE.

Sire, l'Ambassadeur
D'Arragon est mon Pere.

LE ROI.

A cet air de grandeur,
On reconnoît en vous une illustre naissance.

Dona BEATRIX.

Pour moi, je n'y vois rien....

D. PHILIPPE, *bas à Dona Béatrix.*

Hé! Gardez le silence.

Dona BEATRIX, *bas à D. Philippe.*

Cela m'est impossible.

LE

L'AMBITIEUX,

LE ROI, *à l'Infante.*
Hé quoi ? Jusqu'à ce jour
Avez-vous dédaigné de paroître à ma Cour ?

L'INFANTE.
Tant de rares beautés, y charment votre vûë,
Que j'avois résolu d'y rester inconnuë ;
Mais le désir de voir un Prince si parfait,
Malgré moi m'a forcée à rompre ce projet.

LE ROI.
Vous auriez dû vous rendre un peu plus de justice.

Dona BEATRIX, *à l'Infante.*
Sortons.

LE ROI, *à l'Infante.*
Non, demeurez.

Dona BEATRIX, *à D. Philippe.*
Je vais chercher Clarice,
Et reviens avec elle.

D. PHILIPPE, *à part.*
Elle sort, Dieu merci !
Respirons ; & voyons la fin de tout ceci.

SCENE VII.

LE ROI, L'INFANTE D'ARRAGON,
DOM PHILIPPE.

LE ROI.
Madame, permettez que je vous interroge.
De votre jeune Infante on nous a fait l'éloge.
On vante son esprit, ses graces, sa beauté.
Mais ce Portrait charmant, ne l'a-t-on point flatté ?
Je m'en rapporte à vous.

L'INFANTE.

......................Je suis trop naturelle
Pour vous rien déguiser. Elle passe pour belle ;
Du moins les courtisans nous l'assurent ainsi ;
Et c'est leur sentiment que je rapporte ici.
Pour moi, je n'en dis rien, de crainte d'en trop dire.

LE ROI.
Non ; la vérité simple est ce que je désire.
Déclarez librement ce que vous en pensez.

L'INFANTE.
Je crois sur son sujet en avoir dit assez.
J'ajoûterai pourtant par pure obéissance,
Qu'elle paroît en tout digne de sa naissance ;
Mais que si par la paix on l'unit avec vous,
Elle veut posseder le cœur de son époux,
Et que le seul bonheur de s'en voir Souveraine,
Peut lui faire goûter le bonheur d'être Reine.

LE ROI.
Elle veut dominer ; c'est-là sa passion ?

L'INFANTE.
Non. Mais se faire aimer, c'est son ambition.
Elle veut tout un cœur ; & le moindre partage
Feroit de son haut rang un affreux esclavage.
Du reste, à dominer elle n'a nul penchant.
Elle ne connoît point de plaisir si touchant,
Que les tendres douceurs d'une amour mutuelle ;
Tous les autres plaisirs ne le sont point pour elle.
Voilà ses sentimens : & dans cet entretien,
En vous ouvrant mon cœur, je vous ouvre le sien.

LE ROI.
Je voi qu'en sa faveur votre zéle est extrême.
La connoissez-vous bien ?

L'INFANTE
..................Aussi bien que moi-même.

LE ROI.

C'eſt tout dire en deux mots. Mais, Madame, entre nous,
A-t-elle autant d'eſprit, & de charmes que vous ?

L'INFANTE.

Par cette queſtion vous me rendez confuſe.
Sur ſon propre ſujet bien ſouvent on s'abuſe....
Mais je crois....

LE ROI.

Pourſuivez.

L'INFANTE.

(Vous verrez ſi j'ai tort)
Que ſes traits & les miens ont beaucoup de rapport.

LE ROI.

Vous la louez beaucoup. Mais j'aperçois Clarice.

SCENE VIII.

LE ROI, L'INFANTE-D'ARRAGON,
D. PHILIPPE, Dona BEATRIX,
Dona CLARICE.

D. PHILIPPE, à Dona Béatrix.

C'Eſt vous encor ?

Dona BEATRIX.

Moi-même. On va rendre juſtice
A ma Niéce.

D. PHILIPPE, à Dona Béatrix, & Dona Clarice.

Rentrez.

L'INFANTE, aperçevant Clarice.

O ciel ! Qu'elle a d'appas !

Dona BEATRIX, s'échappant des mains de D. Philippe.

Sire, vous voulez bien...

D.

ET L'INDISCRETTE.

D. PHILIPPE, *voulant la retenir.*
Vous ne rentrerez pas ?
Dona BEATRIX.
(*à Clarice.*)
Non, vraiment. Avancez.
Dona CLARICE.
Je n'oferois, ma Tante.
LE ROI.
(*à part.*) (*à l'Infante.*)
Quelle aimable pudeur ! Croyez-vous que l'Infante
Puisse effacer l'objet que l'on offre à mes yeux.
L'INFANTE.
Je ne sais. Mais enfin, pour en décider mieux,
Sire, considérez son augufte naissance,
Et laquelle des deux vous offre une alliance
Vraiment digne d'un Roi ; dont la gloire, l'honneur,
L'intérêt de l'Etat, doivent regler le cœur.
De si nobles motifs sollicitant pour elle,
Celle qui vous convient doit être la plus belle.
Le tems peut effacer les plus brillans attraits ;
Mais la splendeur du sang ne s'efface jamais.
Je crois vous avoir dit tout ce que je puis dire.
Souffrez que je me taise, & que je me retire.
LE ROI, *à l'Infante.*
Puisqu'à rester ici je vous invite en vain,
Dom Philippe, du moins, vous donnera la main.
(*à D. Philippe.*) (*quand l'Infante est éloignée.*)
Conduisez-la. Son air, ses difcours, tout me frappe.
Renouez l'entretien ; que rien ne vous échappe.
Son dépit est trop vif ; il a trop éclaté
Pour ne pas exciter ma curiofité.
D. PHILIPPE, *d'un air trifte.*
J'obéis ; mais je crains que mon zéle inutile....
LE ROI, *d'un ton d'autorité.*
Ne perdez point de tems.

F   SCE-

SCENE IX.

LE ROI, Dona BEATRIX, Dona CLARICE.

Dona BEATRIX, *au Roi.*

Sans être trop subtile,
Sire, j'ai deviné tout ce myſtére-ci,
Qui par moi, ſur le champ, vous peut-être éclairci.
L'Infante d'Arragon veut être votre épouſe.
Je conçois qu'elle eſt née inquiéte, & jalouſe;
Et que pour pénétrer le fond de votre cœur,
Elle envoie en ces lieux, avec l'Ambaſſadeur,
Une jeune perſonne, aimable, inſinuante,
Qui, de cette Princeſſe adroite confidente,
Veut vous perſuader que preſque trait pour trait
De ſa Maîtreſſe en elle on peut voir le portrait.
Le piége eſt bien tendu. Déja cet artifice
Sembloit lui réuſſir, quand elle a vû Clarice
Dont les brillans attraits ont ébloui ſes yeux,
Et fait naître en ſon cœur un dépit furieux.
Sa fuite vous le prouve; & voilà le myſtére.

LE ROI.

Cela peut être vrai; mais laiſſons cette affaire
Aux ſoins de votre époux ſans pénétration
Bien-tôt...

Dona BEATRIX.

On eſt inſtruit de votre paſſion,
Et l'on veut que l'amour céde à la politique.

LE ROI.

A vaincre mon penchant, c'eſt en vain qu'on s'ap-
     plique.

ET L'INDISCRETTE.

Je viens vous l'avouer ; Clarice m'a charmé ;
Mais je cesse d'aimer, si je ne suis aimé.
On m'offre avec la paix une illustre Princesse ;
Je devrois l'accepter, & vaincre ma tendresse ;
Ma raison me le dit : mais que ne peut l'amour
Quand il est animé par un tendre retour ?
S'il vous parle pour moi, permettez qu'il s'explique,
Et je n'écoute plus raison ni politique.
L'intérêt de l'Etat va devenir le sien ;
Et sûr de votre cœur, j'écouterai le mien.

(*Dona Clarice baisse les yeux, & soupire.*)

Dona BEATRIX, *à Dona Clarice.*

Répondez donc au Roi.

Dona CLARICE, *à part.*

Quel horrible supplice !
Dans quel trouble je suis !

LE ROI.

Rassurez-vous Clarice ;
Ouvrez-moi votre cœur ; c'est tout ce que je veux,
Dût-il se refuser à mes plus tendres vœux,
Qu'il se déclare, enfin. Puis-je espérer ? . . . .

Dona CLARICE.

Ah ! Sire,
Quand je vous aimerois, devrois-je vous le dire ?

Dona BEATRIX.

Oüi, je vous le permets.

LE ROI.

Cette aimable pudeur,
Ce charmant embarras redouble mon ardeur.
Plus vous lui résistez, & plus elle est pressante.
Parlez.

Dona CLARICE.

Qu'exigez-vous d'une jeune innocente
Qui ne se connoît pas ? Vous m'aimez, dites-vous ?
C'est un honneur pour moi bien flatteur & bien doux :

F 2   J'en

J'en suis reconnoissante autant qu'on le peut être;
Mais enfin....
LE ROI.
Achevez.
Dona CLARICE.
Je n'ose aimer mon Maître;
Je le respecte trop; & ma timidité
Craint de lever les yeux sur votre Majesté.
LE ROI.
Ayez moins de respect, & soyez plus sensible.
Dona CLARICE.
Hélas! Je le voudrois : j'y fais tout mon possible.
LE ROI.
Oubliez votre Roi; songez à votre Amant.
Dona CLARICE.
Je n'y songe que trop.
LE ROI.
Ah, quel aveu charmant!
Répétez-le cent fois.
Dona CLARICE.
Que ne suis-je Princesse ?
Il m'aimeroit.
LE ROI.
Hé quoi ? L'excez de ma tendresse
Peut-il mieux éclater ? Je vous offre ma foi.
Dona CLARICE.
Vous vous abaissez trop, en vous donnant à moi.
LE ROI.
Je veux faire à l'amour ce tendre sacrifice.
Dona CLARICE.
Sire, j'en suis indigne; & je me rends justice.
LE ROI.
Quand l'Univers entier reconnoîtroit mes loix,
Je ne rougirois pas de faire un si beau choix.
D'un respect importun soyez moins obsédée;

Con-

Concevez de vous-même une plus haute idée ;
Livrez-vous sans réserve aux tendres sentimens ;
Et songez que l'amour égale les Amans.
   Dona CLARICE.
Un cœur ambitieux ne pense pas de même :
C'est son intérêt seul qu'il recherche, & qu'il aime.
    LE ROI.
Ma seule ambition est d'être aimé de vous.
   Dona CLARICE.
Que ce langage est tendre! Et qu'il me seroit doux,
Si selon mes désirs il partoit!.... Je m'égare....
Malgré moi ma foiblesse à vos yeux se déclare.
   LE ROI, *avec transport.*
Votre foiblesse! O Ciel! Hé quoi! Selon mes vœux
Votre cœur s'attendrit, & je vais être heureux?

SCENE X.

LE ROI, D. FERNAND, Dona CLA-
RICE, Dona BEATRIX.

  LE ROI, *à D. Fernand, qui paroît au
     fond du Théatre.*

Approchez, Dom Fernand. Tout parle pour
 Clarice :
Elle m'aime, & bien-tôt je lui rendrai justice.
Espérez tout de moi, pour m'avoir excité
A tout sacrifier à sa rare beauté.
Pour régner avec moi, le Ciel me la désigne.
Son unique défaut est de s'en croire indigne :
Je vous charge du soin de la désabuser.
 (*à Dona Clarice.*)
Je vous laisse un instant, & vais tout disposer

Pour hâter le projet que mon amour m'inspire,
Et rompre tout obstacle au bonheur où j'aspire.

SCENE XI.

D. FERNAND, Dona CLARICE,
Dona BEATRIX.

Dona BEATRIX.

JE vais suivre le Roi, pour le mieux confirmer
Dans le flatteur espoir qui vient de le charmer.
Seigneur, suivez vôtre ordre; &, par votre sagesse,
Au Trône qui l'attend, faites monter ma Niéce.

SCENE XII.

D. FERNAND, Dona CLARICE.

D. FERNAND.

VOus aimez donc le Roi ? Vous l'en avez flatté;
Je voi que cet aveu ne vous a pas coûté.

Dona CLARICE.

Moi, je l'aime ? Ah ! C'est lui qui s'obstine à le croire :
Il ne veut pas m'entendre.

D. FERNAND.

Avoüez que la gloire
De charmer un grand Roi, flatte bien votre cœur,
Et qu'un Amant tient peu contre un pareil honneur ?

Dona CLARICE.

Je respecte le Roi. Mais dire que je l'aime,

Il n'est rien de plus faux. S'il s'est trompé lui-même
Est-ce ma faute à moi ? Je le détromperai.
D. FERNAND.
Ah ! Vous me perdriez.
Doña CLARICE.
Oüi, je vous convaincrai
Que je ne suis point vaine, & point ambitieuse;
Et que, sans être à vous, je ne puis être heureuse.
Vous verrez si le Trône a de quoi me tenter.
D. FERNAND, *à part.*
O Ciel ! Qu'ai-je entendu ? J'ai peine à résister
Au charme décevant d'un si doux sacrifice;
Et mon ambition met mon cœur au supplice.
Clarice, au nom du Ciel, modérez ce transport;
Et, pour nous rendre heureux, faites-vous un effort.
Doña CLARICE.
Que je suis malheureuse ?
D. FERNAND.
Y pensez-vous, Clarice ?
De la félicité vous faites un supplice ?
Pour voir & pour sentir quel est votre bonheur,
Consultez votre esprit, & non pas votre cœur.
Quel bonheur est égal à celui d'une Reine !
Est-il rien de si beau que d'être Souveraine ?
Quel brillant ! Quel éclat ! Quels honneurs ! Quels
   respects !
Les plus grands de l'Etat sont vos humbles sujets.
Un seul de vos regards est tout ce qu'on désire.
Daignez-vous dire un mot ? Aussi-tôt on admire.
Tout s'empresse pour vous, & prévient vos désirs.
Sans cesse vous volez de plaisirs en plaisirs;
Ils renaissent en foule avec de nouveaux charmes,
On écarte de vous les soucis, les alarmes,
L'embarras de penser, pour n'offrir à vos yeux
Que des objets rians, amusans, gracieux.

F 4   Loin

Loin d'essuyer jamais un discours trop sincére,
Jamais on ne vous dit que ce qui peut vous plaire.
Pour consulter vos goûts, ou vos aversions,
Chacun vous asservit toutes ses passions.
Du souple courtisan l'ame vous est soumise.
Méprisez-vous quelqu'un? D'abord il le méprise.
En aimez-vous un autre? Il l'adore aussi-tôt.
Tout est à votre gré perfection, défaut,
Vice, ou vertu. Les mœurs, les façons, le langage,
Tout se régle sur vous, & tout vous rend hommage:
Et si quelque bonheur approche du divin,
C'est le charme éclatant du pouvoir souverain.

Dona CLARICE.

Tout cela vous ravit, & j'y suis insensible.
Vous m'étalez en vain....

D. FERNAND.

     O Ciel! Est-il possible?
Pour joüir un seul jour de cet auguste rang,
Je sacrifierois tout, je donnerois mon sang.

Dona CLARICE.

Ingrat! Si vous m'aimiez....

D. FERNAND.

    Qui, moi? Si je vous aime?
Ah! Rien n'est comparable à mon amour extréme.
Ai-je pû résister à mes transports jaloux,
Quand j'ai crû que mon Maître étoit aimé de vous?
Non, jamais à mes yeux vous ne fûtes si belle
Qu'au moment que j'ai crû vous trouver infidéle.
Vous seule avez trouvé le chemin de mon cœur;
Je ne puis qu'avec vous goûter un vrai bonheur.
Mais enfin ma raison veut être la plus forte,
Et sur tout mon amour votre intérêt l'emporte.

Dona CLARICE.

C'est le vôtre plûtôt, c'est votre ambition.
Votre cœur ne connoît que cette passion.

Vous m'en donnez, ingrat, une preuve éclatante.
Que je me veux de mal ! Que ne suis-je inconstante !
Que j'aurois de plaisir à me venger de vous !
   D. FERNAND.
Hé ! Pourquoi m'accabler d'un injuste courroux ?
Vous connoîtrez bien-tôt le prix d'une Couronne.
En renonçant à vous, c'est moi qui vous la donne.
Vous ne l'oublierez point, j'ose encor m'en flatter.
   Dona CLARICE.
Je ne m'en souviendrai que pour vous détester.
   D. FERNAND.
D'un funeste penchant triomphons l'un & l'autre ;
Dérobons à l'amour & mon cœur & le vôtre.
On se lasse à la fin de goûter ses douceurs ;
Mais plus de la fortune on reçoit de faveurs,
Et plus de leur éclat une ame est enchantée.
De mon ambition cessez d'être irritée ;
Je n'en ai que pour vous.
   Dona CLARICE, *d'un ton de colére.*
       Hé bien, je vous croirai.
Vous pouvez dire au Roi que je l'épouserai,
Que je l'aime.... Attendez, ne dites rien encore ;
Peut-être je me trompe. Il jure qu'il m'adore ;
Il est jeune, charmant ; il est Roi : mais mon cœur...
N'importe ; en l'épousant je fais votre bonheur,
Du moins vous le croyez ; cela doit me suffire.
Allez donc l'assurer.... Juste Ciel ! Quel martyre !
Ma bouche veut parler, & mon cœur la retient.
Vainement contre vous le dépit me prévient,
Dès que je vous regarde... Ah ! C'est trop de foiblesse.
Vous ne méritez pas cet excès de tendresse ;
Et puisque votre cœur m'a pû manquer de foi,
Je lui laisse le droit de disposer de moi.

74 L'AMBITIEUX,
D. FERNAND.
Non, je n'accepte point un pouvoir si funeste;
Le dépit me le donne, & le cœur le déteste.
Vous me fuyez en vain. O Ciel! Fais qu'en ce jour
L'intérêt, la raison, triomphent de l'amour.

Fin du troisiéme Acte.

ACTE IV.

SCENE PREMIERE.

L'INFANTE-D'ARRAGON, D. LOUIS.

D. LOUIS.

Dom Philippe, Madame, eſt chez la ſoeur du Roi.
Calmez-vous. Attendons-le; & différez...

L'INFANTE.

Qui, moi ?
Je pourrois retenir mon dépit, ma colere ?
Moi, reſter en Caſtille ? Ah ! Si le Roi mon frere
Lui-même étoit témoin des affronts qu'on m'y fait...

D. LOUIS.

De ſon juſte courroux il ſuſpendroit l'effet.
Dans cet inſtant critique imitez ſa prudence.
Vous ſauvez ſon Etat.

L'INFANTE.

Ah ! Mon obéiſſance
N'a déjà que trop fait. Que peut-elle de plus ?
Pour appuyer vos ſoins, les miens ſont ſuperflus.
Ma gloire ſouffre trop à la Cour de Caſtille.
Je veux partir.

D. LOUIS.

Songez que paſſant pour ma fille,
Vous n'expoſerez point l'honneur de votre ſang.

L'INFANTE.

Mais ma rivale, enfin...

D.

L'AMBITIEUX,

D. LOUIS.

      Elle n'eſt point d'un rang
Qui vous doive alarmer ; & les ſoins du Miniſtre
Triompheront enfin de l'obſtacle ſiniſtre
Qu'une indigne rivale oppoſe à nos efforts.
Un Roi ne ſe rend pas à ſes premiers tranſports :
La gloire a ſur ſon cœur un empire ſuprême,
Et ſaura...

SCENE II.

L'INFANTE, D. PHILIPPE,
D. LOUIS.

D. PHILIPPE.

Nous voici dans un péril extrême ;
Et pour Clarice enfin le Roi s'eſt déclaré ;
Princeſſe, toutefois rien n'eſt déſeſpéré.
La raiſon, mon crédit, la gloire de mon Maître,
Vont combatre pour vous, triompheront peut-être.
J'aurai d'autres ſecours dont je ne parle pas ;
Mais je compte encor plus ſur vos divins appas.
Ils ont frappé le Roi qui lui-même l'avoue.
Depuis qu'il vous a vûe, à toute heure il vous loue.
Dès qu'il vous connoîtra, je ne ſaurois douter
Qu'il n'échappe du piége où l'on veut l'arrêter.
 (*à D. Louis.*)
Mais avant qu'à ſes yeux l'Infante ſe déclare,
C'eſt un événement qu'il faut que je prépare ;
Seigneur, conſentez-vous au projet du Traité,
Sur le pied que tantôt nous l'avons arrêté ?
De ce que j'entreprens c'eſt le préliminaire.

           Armé

Armé de ce Traité je puis vaincre mon frère.
Sans les conditions que j'exige de vous,
La guerre est infaillible; il l'emporte sur nous.
D. LOUIS.
Je puis les accorder, si la double alliance
Entre les deux Etats remet la confiance.
Assuré de ce point je signe aveuglément.
D. PHILIPPE.
Je suis content. Le Roi viendra dans un moment.
Il n'est pas encor tems que vous partiez, Princesse;
Je vous avertirai dans l'instant.
L'INFANTE.
Je vous laisse,
Et vais chez Dom Louis attendre vos avis,
Qui seront, de ma part exactement suivis.

SCENE III.

D. PHILIPPE, *seul*.

Quoiqu'il puisse arriver, suivons notre entreprise.
Je cours mille dangers; mais mon cœur les méprise.
On veut perdre mon Maître, & je dois le sauver.
A la Ville, à la Cour, tout va se soulever.
On murmure déjà! Mon épouse imprudente
Fait éclater par tout une joie insolente.
Je vois avec douleur son orgueil indiscret,
Quoiqu'il paroisse agir pour hâter mon projet.
Plus elle éclatera, plus d'obstacles vont naître.
Mais au fond je rougis... Ah! Je la voi paroître.

SCENE

SCENE IV.

D. PHILIPPE, Dona BEATRIX.

Dona BEATRIX.

Je vous trouve à propos, je vous cherchois.
D. PHILIPPE.
Qui, moi ?
Dona BEATRIX.
Oüi. Faites compliment à la Tante du Roi.
D. PHILIPPE, *lui faisant une profonde révérence.*
Ah ! Madame....
Dona BEATRIX.
Bon Dieu ! Vous voilà bien tranquille !
D. PHILIPPE.
Pourquoi non ?
Dona BEATRIX.
Songez-vous que la Cour & la Ville
Viendront bien-tôt ici vous faire compliment ?
D. PHILIPPE, *en soûriant.*
Vous avez donc parlé ?
Dona BEATRIX.
Non pas ouvertement.
Mais à plusieurs amis j'ai fait la confidence
Du sujet de ma joie ; & j'ai grande espérance
De voir bien-tôt l'envie en mourir de dépit.
N'ai-je pas bien fait ?
D. PHILIPPE.
Oüi. Le jugement, l'esprit,
Brillent également dans tout ce que vous faites ;
Et je suis pénétré de la joie où vous êtes.

Dona

Dona BEATRIX.
Vous plaisantez, je pense?
D. PHILIPPE.
Ah! Mon Dieu, point du tout.
Dona BEATRIX.
Mais plaisantez, ou non, je suis venuë à bout
De me voir, dans l'Etat, la troisiéme personne.
Le Roi, la Reine, & moi. Si près de la Couronne
Je vais avoir un titre à qui tout doit respect;
Et vous tout le premier.
D. PHILIPPE.
Je suis trop circonspect
Pour disputer vos droits
Dona BEATRIX.
La Reine étant ma Niéce,
Vous jugez aisément que me voilà Princesse.
D. PHILIPPE.
C'est ce que je pensois; & vous n'avez pas tort.
Dona BEATRIX.
Pour la premiére fois nous voilà donc d'accord!
D. PHILIPPE, *à part*.
Sa folle vanité lui tourne la cervelle;
Et me sert malgré moi. L'occasion est belle :
Il faut en profiter.
Dona BEATRIX.
Pourquoi tant de froideur?
Etes-vous insensible à ce nouvel honneur?
D. PHILIPPE.
Moi? J'en suis transporté.
Dona BEATRIX.
Plus de philosophie :
J'en suis lasse à mourir; je vous le signifie.
Allons, l'air de grandeur; jouïssons de nos droits.
Que je vais triompher!

D.

L'AMBITIEUX,

D. PHILIPPE.

Ah! Vraiment, je vous crois.

Dona BEATRIX.

Ah! Quel plaisir pour moi, lorsque je pourrai dire,
Le Roi mon Neveu!

D. PHILIPPE.

Oüi.

Dona BEATRIX.

Mon Neveu! Quel empire
Je vais prendre à la Cour! Si-tôt qu'on me verra,
D'un air respectueux chacun se rangera.
C'est la Tante du Roi, dira-t-on. Place, place.
Messieurs, diront mes gens, avec un air d'audace,
Et moi, j'avancerai d'un pas majestueux,
Noble, fier, tempéré d'un souris gracieux ;
Et tous les courtisans placés à mon passage,
Empressés à me voir, me rendront leur hommage,
Auquel je répondrai d'une inclination
Dédaigneuse, distraite, & de protection.
Vous verrez, vous verrez avec quelle noblesse
Je soutiendrai le titre & le rang de Princesse.

D. PHILIPPE.

Oüi, vous ferez merveille ; &, sans plus différer,
Je vous conseille, moi, de vous en emparer.
Aussi-bien à présent l'affaire est déclarée.

Dona BEATRIX.

Pas encor tout-à-fait.

D. PHILIPPE.

Mais elle est assurée ;
Et vous n'en doutez pas.

Dona BEATRIX.

Oh! Non, assurément.

D. PHILIPPE.

Que n'éclatez-vous donc dès ce même moment?

Dona BEATRIX.
Parlez-vous tout de bon ?
D. PHILIPPE.
Tout de bon, je vous jure.
Vous ne sauriez mieux faire ; & je vous en conjure.
Dona BEATRIX.
Vous me soulagez bien, car je n'en pouvois plus.
Mais on m'a commandé le secret là-dessus ;
Et je l'ai mal gardé. Dom Fernand votre frère
M'en a fait le reproche. Il est fort en colère.
Non, non, je me tairai.
D. PHILIPPE, à part.
Bon. La discrétion
Lui viendra par esprit de contradiction.
(*Haut.*)
Et moi, je vous soutiens que notre politique
Est de rendre au plûtôt cette affaire publique.
Par là nous l'assurons.
Dona BEATRIX.
Rien de mieux raisonné.
Je vous trouve aujourd'hui l'esprit si bien tourné,
Que je me sens pour vous un retour de tendresse.
Je vais faire beau bruit.
D. PHILIPPE.
Envoyez-moi ma Niéce ;
Elle est simple, innocente ; il faut la prévenir.
Tête-à-tête un moment je veux l'entretenir.
Dona BEATRIX, *d'un air majestueux.*
Oüi, Seigneur ; près de vous je la ferai conduire.
A tenir bien son rang prenez soin de l'instruire.
Inspirez-lui sur tout une noble fierté.
D. PHILIPPE, *d'un air très-respectueux.*
Princesse, tout sera sagement concerté.
(*Elle sort en lui faisant une révérence fière & dédaigneuse.*)

SCENE V.

D. PHILIPPE, *seul.*

Oui, l'éclat qu'elle a fait, celui qu'elle va faire,
Mieux que tous mes efforts déconcerte mon
  frère;
Et tous les bons Sujets alarmés comme moi,
Vont venir m'appuyer pour détromper le Roi.
Mais Clarice paroît. Voyons si sa folie
Est au même dégré.

SCENE VI.

D. PHILIPPE, Dona CLARICE.

D. PHILIPPE, *à part.*

De sa mélancolie,
De son air consterné, je ne sai qu'augurer.
  (*Haut.*)
Madame, qu'avez-vous? Venez-vous de pleurer?
Quoi? Reine, ou peu s'en faut?...

Dona CLARICE.

Hé! Cessez, je vous prie,
D'augmenter mes malheurs par cette raillerie.

D. PHILIPPE.

Vos malheurs? Mais le Roi vous a donné son cœur,
Vous allez être Reine; est-ce un si grand malheur?

Dona

ET L'INDISCRETTE. 83

Dona CLARICE.
Oüi, c'en est un pour moi.

D. PHILIPPE.
D'où vous vient cette idée?

Dona CLARICE.
Vous le pensez aussi, j'en suis persuadée.

D. PHILIPPE, *à part*.
Qu'entens-je? Est-ce raison? Insensibilité?
Est-ce un cœur que l'orgueil n'a point encor gâté?
Il faut approfondir ce surprenant mystère.
(*Haut.*)
Vous ne me dites rien? Quoi? Pouvez-vous vous taire
A la veille d'un jour pour vous si glorieux?
Je ne vois point la joie éclater dans vos yeux.
Je ne vois ni fierté, ni hauteur. Quel miracle!
Aux volontés du Roi craignez-vous quelque obstacle?

Dona CLARICE.
Plût au Ciel!

D. PHILIPPE.
Plût au Ciel! Je ne sais où j'en suis.
Pour voir dans votre cœur je fais ce que je puis.
Mais je m'y pers. Comment? Vous tenez ce langage?
Insensible aux grandeurs à la fleur de votre âge?
Raisonnez-vous, Clarice, où ne sentez-vous rien?

Dona CLARICE.
Oüi, Seigneur, je raisonne, & je raisonne bien.

D. PHILIPPE.
Je commence à vous croire, & vous ai méconnuë.
Un prodige nouveau vient s'offrir à ma vûë.
Ecoutez-moi, Clarice, & raisonnons tous deux.
Le Trône ne peut donc satisfaire vos vœux?

Dona CLARICE.
Non.

G 2 D.

L'AMBITIEUX,

D. PHILIPPE.
Non ? Que faudroit-il pour vous rendre contente?

Dona CLARICE.
Un séjour sans éclat, une vie innocente,
Avec un tendre époux, qui, content de mon cœur,
En me donnant le sien, pût faire son bonheur.

D. PHILIPPE, *à part.*
Je voulois lui prêcher la raison, la sagesse;
Mais je suis le disciple, & voilà ma Maîtresse.
(*haut.*)
Plus je vous examine, & plus je suis charmé,
Clarice ; à votre égard j'étois très-alarmé ;
Je croyois que l'orgueil vous rendroit indocile;
Mais sur votre sujet me voilà bien tranquille.
(*à demi bas.*)
Nous sommes seuls ici. Parlez, de bonne foi.

Dona CLARICE.
Oüi; je vous dirai tout.

D. PHILIPPE, *plus bas.*
N'aimez-vous pas le Roi ?

Dona CLARICE.
Hélas ! Non.

D. PHILIPPE.
Comment, non ? Mais c'est un grand Monarque,
C'est un Prince accompli.

Dona CLARICE.
Que m'importe ? Une marque
Que je ne l'aime pas, c'est que tous les honneurs
Que l'on me rend déjà, me font verser des pleurs.

D. PHILIPPE.
Pour un autre, du moins, vous n'êtes pas sensible?

Dona CLARICE.
Ah ! Que vous vous trompez !

D. PHILIPPE.
O Ciel ! Est-il possible ?
Quel

Quel est l'heureux mortel que vous lui préférez?
Dona CLARICE.
Un perfide, un ingrat.
D. PHILIPPE.
Qui vous? Vous soupirez
Pour un ingrat? Et c'est?
Dona CLARICE.
Votre frère lui-même.
D. PHILIPPE.
Mon frère? Vous l'aimez?
Dona CLARICE.
Oüi, Seigneur, oüi je l'aime;
Et je sacrifierois mille Trônes pour lui.
Mais ce qui va bien plus vous surprendre aujourd'hui,
C'est qu'il m'adore aussi.
D. PHILIPPE.
Vous vous trompez. L'Infante
Est l'objet de ses vœux.
Dona CLARICE.
O nouvelle accablante!
Mais il ne l'aime pas. Non, il ne peut l'aimer;
Ce n'est que par son rang qu'elle a sû le charmer.
Elle a trop peu d'appas pour le rendre infidéle.
Il m'a juré cent fois une amour éternelle;
Mais il me sacrifie à son ambition.
D. PHILIPPE.
Vous ne triomphez pas de cette passion!
Dona CLARICE.
En vain, je l'ai tenté; rien ne peut l'en défendre.
D. PHILIPPE, *à part*.
Rien n'est désespéré. Ce que je viens d'apprendre
M'est un nouveau moyen de le déconcerter.
Peut-être le moment viendra d'en profiter.
(*Haut.*)
Ma Niéce, ou je me trompe, ou vous serez heureuse.

G 3 Ren-

86 L'AMBITIEUX,
Rentrez. Ne dites rien. Votre ame généreuse
Mérite que le Roi fasse votre bonheur.

Dona CLARICE
Qu'il garde sa Couronne, & me laisse mon cœur.

SCENE VII.

D. PHILIPPE, seul.

TAnt de perfections ne fixent point mon frère !
Tout entier occupé de sa vaine chimére,
Il en fait son idole ; & mes soins jusqu'ici,
Mes raisons, mes conseils, n'ont pû... Mais le voici.
Instruit de son secret je m'en vais le confondre,
Et le réduire au point de ne pouvoir répondre.

SCENE VIII.

D. PHILIPPE, D. FERNAND.

D. PHILIPPE.

HE bien ? Vous triomphez ?

D. FERNAND.

Oüi, je suis satisfait,
Et bientôt mes projets auront un plein effet.
Je viens vous annoncer le double mariage.
Vous ne dites plus rien !

D. PHILIPPE.

J'admire votre ouvrage,
Chef-d'œuvre de prudence & de raisonnement.
Mais voudriez-vous bien m'écouter un moment ?

Si

ET L'INDISCRETTE. 87

Si de vous la raison ne peut se faire entendre,
Des reproches du cœur pouvez-vous vous défendre ?
Le domtez-vous si bien, que sur sa passion
Vous donniez la victoire à votre ambition ?
Sur tous vos sentimens a-t-elle tant d'empire ?

D. FERNAND.
Je ne vous entens point. Que voulez-vous me dire ?

D. PHILIPPE.
Vous ne m'entendez point ? Le tems est précieux ;
Il faut en profiter. Je vais m'expliquer mieux,
Et vous me comprendrez. Clarice vous adore,
Et le Trône, sans vous, est un don qu'elle abhorre.
Un cœur si généreux, bien loin de vous toucher,
A vos vastes désirs ne peut vous arracher ?
Toutefois vous l'aimez autant qu'elle vous aime.

D. FERNAND.
Moi ? D'où le savez-vous ?

D. PHILIPPE.
Je le sai d'elle-même.

D. FERNAND.
Puisqu'elle vous l'a dit, je ne m'en défens plus.
Mais l'amour fait sur moi des efforts superflus ;
Et loin de lui céder une lâche victoire,
Je suis mon intérêt, & j'écoute ma gloire.
Le Roi m'en récompense. Il m'accorde sa Sœur ;
Et j'élève Clarice au comble du bonheur.

D. PHILIPPE.
Clarice qui vous aime, épouseroit mon Maître ?

D. FERNAND.
Il croit en être aimé, cela suffit.

D. PHILIPPE.
Peut-être
On le détrompera.

D. FERNAND.
Qui ?

G 4 D.

L'AMBITIEUX,

D. PHILIPPE.
Moi.

D. FERNAND.
Vous n'oseriez.

D. PHILIPPE.
Comment, je n'oserois?

D. FERNAND.
Non. Vous me perdriez;
Et ma chûte seroit votre perte infaillible.

D. PHILIPPE.
A de pareils motifs je ne suis point sensible.
Je crains tout pour l'Etat, & ne crains rien pour moi.
Soyez-en sûr. D'ailleurs, je connois trop le Roi,
Pour craindre de sa part une ombre d'injustice.
Mon unique frayeur est qu'il ne vous punisse.
Je vous aime, mon frère, & mon zéle discret
Jusqu'à l'extrémité gardera le secret.
Je vais faire parler l'intérêt, la prudence.
Si vous rendez le Roi sourd à leur remontrance,
Plus de ménagement; je révélerai tout.

D. FERNAND.
Gardez-vous, croyez-moi, de me pousser à bout.

D. PHILIPPE.
Je vous l'ai déjà dit. Mon zéle est à l'épreuve.
(Il montre le Traité.)
Du plus terrible obstacle envoyez-vous la preuve?
Avec l'Ambassadeur j'ai conclu ce Traité :
Et j'enchaîne par là votre témérité.

D. FERNAND.
Vous l'enchaîneriez, vous ? Il faut que je périsse,
Où que dans un moment mon projet s'accomplisse.

D. PHILIPPE.
Hé bien, vous périrez, ou je périrai, moi.
Je ne vous connois plus quand il s'agit du Roi.
Le voici.

SCENE

SCENE IX.

LE ROI, D. PHILIPPE, D. FERNAND.

LE ROI, à D. Philippe.

Votre frère a pris soin de vous dire
Ce qui m'amène ici.

D. FERNAND.

Je viens de l'en instruire.

D. PHILIPPE.

Oüi, Sire, il me l'a dit: Mais votre Majesté
(*Il présente le Traité au Roi.*)
Peut-elle m'ordonner de rompre ce Traité?
Sans répandre du sang, vous faites des conquêtes.
Tous vos peuples ravis vont par d'aimables fêtes
Célébrer vos bontés, & les fruits d'une Paix,
Qui vous fera rentrer dans vos vrais intérêts.

LE ROI.

Je veux bien consentir que la Paix soit concluë;
Mais en me réservant la puissance absoluë.
De ne donner ma main qu'en consultant mon cœur.
Je n'engage ni moi, ni l'Infante ma Sœur.

D. PHILIPPE.

Vous refusez les nœuds que l'Arragon propose?

LE ROI.

Je n'y puis plus penser. Vous en savez la cause.
Je donne à votre Niéce & mon cœur & ma foi,
Ma Sœur, à Dom Fernand.

D. PHILIPPE.

O Ciel! Est-ce mon Roi
Qui me parle?

L'AMBITIEUX,

LE ROI.
Quoi donc ?

D. PHILIPPE.
Ma Niéce, votre épouse ?
Non, non, de votre honneur mon ame est trop jalouse
Pour vous laisser descendre à cette indignité.
L'approuver, c'est commettre une infidélité ;
Et vous la conseiller, c'est une perfidie.
Une telle union ne peut être applaudie,
Que par vos ennemis secrets, ou déclarés.

D. FERNAND.
Mon frère !

D. PHILIPPE.
Téméraire ! Hé quoi ! Vous oserez
Abuser des bontés d'un si généreux Maître.
(Se jettant aux piéds du Roi.)
Vous, épouser sa Sœur ! Ah ! Daignez vous connoître,
Grand Roi. Pour un moment jettez les yeux sur vous.
Voyez quelle distance entre un Monarque & nous.
Une indignation publique & légitime
De l'Univers entier va vous ravir l'estime ;
De vos tendres Sujets vous perdrez tous les cœurs ;
Et c'est-là, pour un Roi, le plus grand des malheurs.

D. FERNAND *au Roi.*
Permettez qu'en deux mots...

D. PHILIPPE *au Roi.*
On cherche à vous surprendre.
La vérité vous parle ; un grand Roi doit l'entendre.
Oüi, Sire, ouvrez les yeux. L'intérêt de l'Etat,
Voilà la passion digne d'un Potentat.
Le bonheur de son peuple est l'objet qui l'enchaîne ;
Il ne doit écouter ni l'amour, ni la haine,
Et son cœur généreux, toujours maître de soi,
D'un devoir si sacré doit s'imposer la loi.

LE

ET L'INDISCRETTE. 91
LE ROI.
Je ne m'en cache point ; votre discours me touche.
D. PHILIPPE.
Tous vos vrais serviteurs vous parlent par ma bouche.
D. FERNAND, *au Roi.*
Et de quoi vous sert donc le pouvoir Souverain,
Si votre autorité peut reconnoître un frein ?
Qui veut vous l'imposer, vous insulte, & vous brave,
Et d'un Prince absolu, cherche à faire un esclave.
D. PHILIPPE.
Pernicieux conseils. Si vous vous y rendez,
Que devient votre Etat ?
LE ROI.
Dom Fernand, répondez.
Il me frappe, il m'étonne ; & l'air dont il s'énonce...

SCENE X.
LE ROI, D. PHILIPPE, D. FERNAND, Dona BÉATRIX, Dona CLARICE.

LE ROI, *voyant Dona-Clarice.*
AH ! Dans ces yeux charmans je lis votre réponse.
D. PHILIPPE, *à part.*
Ciel !
LE ROI.
Elle est sans replique : on n'y peut résister.
Dom Philippe, voyez, dois-je vous écouter ?
Non ; quoiqu'à vos discours l'esprit veuille se rendre,
Le cœur moins convaincu ne sauroit les entendre.
D. PHILIPPE.
Si je vous disois tout, un trop juste dépit

Met-

L'AMBITIEUX,

Mettroit bien-tôt d'accord & le cœur & l'esprit.
Par un mot, un seul mot, je confondrois mon frère !
Mais je veux bien encor...

LE ROI.
Quel est donc ce mystére ?

D. PHILIPPE.
Si Clarice le veut, elle peut l'éclaircir ;
Faites parler son cœur.

Dona BEATRIX.
Comment donc ? La noircir
Dans l'esprit du Roi ! Vous ! Lorsque votre tendresse
Devroit tout employer pour cacher sa foiblesse ?

LE ROI.
Sa foiblesse ? Ah ! Qu'entens-je ? Et quels soupçons
affreux !...

D. FERNAND.
Sire, défiez-vous d'un complot dangereux.
On veut me perdre.

LE ROI.
Non ; je connois votre frère,
Et ne condamne en lui qu'un zèle trop austére,
Contre mes passions prompt à se soulever :
Il ne veut point vous perdre ; il cherche à me sauver.

D. FERNAND.
Quoi, Sire, vous croyez ?....

LE ROI.
Je vous rendrai justice.
Mais sur ce que j'entens, il faut qu'on m'éclaircisse.
D'un doute injurieux mon esprit est blessé.
Madame achevera ce qu'elle a commencé.
J'attens d'elle un aveu clair, précis, & fidéle.

D. FERNAND, au Roi.
Mon sort dépendra-t-il ?....

LE ROI, à D. Philippe & à Clarice.
Qu'on me laisse avec elle.

(à

ET L'INDISCRETTE.

(*à D. Fernand d'un ton irrité.*)
Sortez.

D. FERNAND, *bas à Dona Beatrix.*
Je suis perdu, si dans cet entretien...

Dona BEATRIX, *bas à D. Fernand.*
Comptez sur ma prudence, & n'appréhendez rien.

SCENE XI.

LE ROI, Dona BEATRIX.

Dona BEATRIX, *à part.*
Voici l'occasion de la faire paroître.

LE ROI.
Madame, je pourrois prendre le ton de Maître,
Et me servir ici de mon autorité,
Pour vous faire parler avec sincérité.
Mais je vous connois trop, pour avoir lieu de craindre
Que jusqu'à m'imposer vous puissiez vous contraindre.
Ce que vous me direz ne fera point d'éclat.
Je sais me modérer.

Dona BEATRIX, *à part.*
    Le pas est délicat;
Et j'ai besoin ici de toute ma sagesse.

LE ROI.
Parlez à cœur ouvert.

Dona BEATRIX.
    Votre délicatesse,
Sire (vous m'ordonnez de parler franchement.)
Vous force à désirer un éclaircissement.
Mais oserai-je ici dire ce que je pense?
Vous devriez plûtôt m'ordonner le silence.

LE ROI.
Et par quelle raison ?
Doña BEATRIX.
Vous pouvez être heureux,
Et l'amour se dispose à combler tous vos vœux.
Mais chercher des défauts dans l'objet que l'on aime,
A sa félicité c'est s'opposer soi-même.
LE ROI.
Non ; il faut m'expliquer ce que vous avez dit.
Doña BEATRIX.
Sire, cela doit-il occuper votre esprit ?
LE ROI.
Sans doute.
Doña BEATRIX.
C'est un fait de si peu d'importance
Qu'il ne mérite pas seulement qu'on y pense.
LE ROI.
Toutefois Dom Philippe en parloit autrement.
Doña BEATRIX.
Son indiscrétion me révolte.
LE ROI.
Comment ?
Doña BEATRIX.
Peut-on faire d'un rien une importante affaire ?
Je suis bien plus prudente ; & je saurai me taire.
LE ROI.
Mais quand je veux qu'on parle, il est bon d'obéir.
Doña BEATRIX.
Parler sur ce sujet, ce seroit vous trahir.
LE ROI.
Non ; vous savez combien Clarice m'intéresse.
On devroit, disiez-vous, me cacher sa foiblesse,
Et vous trouviez mauvais que l'on m'ouvrît les yeux,
Qu'on me désabusât ; mais c'est ce que je veux.
Vous avez commencé ; continuez, Madame.

Cla-

ET L'INDISCRETTE. 95

Clarice ressent-elle une secrette flamme ?
M'a-t-on ravi son cœur ? Quelqu'un l'a-t-il surpris ?

Dona BEATRIX.

Un cœur trop innocent est aisément épris ;
Mais les impressions qui peuvent le surprendre,
Ne tiennent pas long-tems : oüi, lorsqu'un Roi
 si tendre,
Si jeune, si charmant, prétend les effacer,
Il n'a qu'à dire un mot ; & c'est vous abaisser
Que de craindre....

LE ROI.

Ainsi donc, vous convenez vous-même
Qu'il est quelque mortel, dont le bonheur extrême
A prévenu mes vœux ?

Dona BEATRIX.

Hé ! Quand cela seroit
Sire, à votre bonheur rien ne s'opposeroit.

LE ROI.

Mais Clarice aime donc, & n'a pû s'en défendre ?

Dona BEATRIX.

Après tout, s'il est vrai qu'on ait pû la surprendre
La gloire de se voir dans un rang éminent
Lui doit faire bien-tôt oublier Dom Fernand.

LE ROI.

Dom Fernand ! C'est pour lui que son cœur se déclare ?

Dona BEATRIX.

On a crû l'entrevoir.

LE ROI.

L'événement est rare.

Dona BEATRIX.

Et même très-heureux. Car fut-il adoré,
D'un zéle trop parfait il se sent pénétré,
Pour profiter d'un foible à vos vœux si contraire.
Non, Sire, Dom Fernand n'aspire qu'à vous plaire ;
Et pour vous le prouver, sans rien exagérer,

Je

L'AMBITIEUX,

Je fais un incident qu'il faut vous déclarer ;
Tantôt devant moi-même il a pressé ma Niéce
De l'oublier pour vous, de vaincre sa foiblesse.

LE ROI.
Dom Fernand fait qu'on l'aime ?

Dona BEATRIX.
Oüi, Sire, en vérité,
Vous devez récompense à sa fidélité.

LE ROI, *en soûriant.*
En effet, je ne puis assez la reconnoître ;
Et ma reconnoissance à l'instant va paroître.
(à part.)
De quel mystére affreux je viens d'être informé !
Il faut que par Clarice il me soit confirmé.

SCENE XII.

Dona BEATRIX, *seule.*

IL sort très-satisfait ; &, grace à ma sagesse,
On va revoir ici le calme & l'allégresse.

Fin du quatriéme Acte.

ACTE

ACTE V.
SCENE PREMIERE.
D. FERNAND.

O Ciel ! On m'a perdu ; je n'en puis plus douter.
Ma disgrace est enfin sur le point d'éclater.
Je n'ai pû voir le Roi. Les courtisans soupçonnent
Le péril où je suis, & déja m'abandonnent.
Ceux-même, qu'aux emplois j'ai pris soin d'élever,
Evitent mon abord, ou semblent me braver.
Tandis que tout me fuit, la foule est chez mon frère ;
Et je me trouve seul. Quel revers ! Mais j'espére...
Hé ! Que puis-je espérer ?

SCENE II.
D. FELIX, D. FERNAND.
D. FERNAND.

Vous me l'aviez prédit ;
Je perds tous mes amis en perdant mon crédit.
D. FELIX.
Il n'est point de grandeur qui soit inébranlable,
Et qui mette à couvert d'un revers effroyable.

Un instant nous éleve, un instant nous détruit;
Et, par l'événement, vous voilà trop instruit.
D. FERNAND.
Quoi, venez-vous vous-même augmenter ma misére?
D. FELIX.
Non. Votre adversité vous rend le cœur d'un Pere
Insensible aux malheurs qui causent vos soûpirs,
Mais prompt à soulager vos cruels déplaisirs.
Le Ciel vous rend à vous. Acceptez un asyle,
Et venez avec moi vivre heureux & tranquille.
D. FERNAND.
Ah! Seigneur, vos plaisirs ne sont pas faits pour moi,
Votre tranquillité m'inspire de l'effroi.
Moi! Dans la solitude en proie à mes pensées,
J'irois me consoler de mes grandeurs passées,
Et du comble d'honneurs où j'allois parvenir?
Quel état languissant! Peut-on le soutenir?
Non, non, dans cet état je vivrois misérable,
Et serois à moi-même un poids insupportable.
Un cœur tel que le mien déteste le repos.
Pour moi, la vie obscure est le plus grand des maux;
Et, pour m'en préserver, innocent, ou coupable,
Il n'est aucun effort dont je ne sois capable.
D. FELIX.
Y pensez-vous, mon fils? Quel est votre dessein?
D. FERNAND.
Je veux parler au Roi.
D. FELIX.
                   Vous le verriez en vain,
Votre aspect ne feroit qu'irriter sa colére.
D. FERNAND.
Voilà ce que je dois aux vertus de mon frère;
L'ingrat fait son devoir de me désespérer.

D.

ET L'INDISCRETTE

D. FELIX.
Ce qu'il fait contre vous, doit le faire admirer,
Loin de le condamner, je l'approuve, & le loüe.

D. FERNAND.
Contre moi vainement votre amitié l'avouë.
Je ne veux voir le Roi qu'un quart d'heure, un instant,
Et je reprends sur lui mon premier ascendant.

D. FELIX.
Ne vous en flattez point, & connoissez un Maître,
Que jusques à présent vous n'avez pû connoître ;
Mais dont les yeux ouverts cherchent la verité,
Et le sauvent du piége où vous l'avez jetté,
Gardez-vous, croyez-moi, d'en attendre la preuve.

D. FERNAND.
Quoi qu'il puisse arriver, j'en veux faire l'épreuve.

D. FELIX.
Ciel ! Quel aveuglement produit l'ambition !
Mon fils, que votre état me fait compassion !
Que je suis affligé de ce désordre extrême !
Ouvrez, ouvrez les yeux, & vous verrez vous-même
Que votre esprit séduit mettoit un trop haut prix
A des biens, qu'un grand cœur regarde avec mépris ;
Que vous idolâtrez une vaine chimére.

D. FERNAND.
Toutefois vous voyez qu'elle charme mon frère :
C'est pour en joüir seul qu'il agit contre moi.

D. FELIX.
Il n'agit contre vous, que pour servir son Roi.

D. FERNAND.
A ses fausses vertus je ne rends point hommage.
Il croit que le malheur abattra mon courage,
Que, sans aucun combat, je vais tout lui céder ;
Mais c'est dans le péril qu'il faut tous hasarder ;
C'est dans l'adversité qu'un grand courage brille.

Au surplus, j'ai pour moi l'Infante de Castille :
Sur l'esprit de son frère elle a trop de pouvoir
Pour souffrir qu'on m'opprime ; & bien-tôt....

D. FELIX.

Vain espoir !
Du plus ardent dépit la Princesse est frappée.
Vous feigniez de l'aimer, mais on l'a détrompée ;
Elle sçait que Clarice occupe votre cœur :
N'attendez de sa part que haine & que fureur.

D. FERNAND.

O Fortune ! Ainsi donc, pour arrêter ma course,
Tu viens de m'enlever ma derniére ressource !
Que dis-je, ma derniére ? Ah ! J'en saurai trouver
Pour périr glorieux, ou pour me relever.

D. FELIX.

Ne suivez point, mon fils, un aveugle courage.
Venez, rentrez au port, & cédez à l'orage.

D. FERNAND.

Je bouleverserai plûtôt tout l'Univers,
Que de souffrir l'horreur d'un si cruel revers.

D. FELIX.

Par pitié pour vous-même, écoutez votre Pere.

D. FERNAND.

Non, je n'écoute plus que ma juste colére.

D. FELIX.

Adieu. Puisque mon cœur te sollicite en vain,
Ingrat, je t'abandonne à ton mauvais destin.

SCENE III.

D. FERNAND, seul.

O Pouvoir! O grandeur! Seuls objets que j'envie,
Soutiendrai-je sans vous ma déplorable vie?
Quoi que vous me coûtiez, revenez à l'instant:
Périssant avec vous, je périrai content.

SCENE IV.

D. FERNAND, Dona BEATRIX.

Dona BEATRIX.

AH! Seigneur, vous voici.
D. FERNAND.
La fortune infidéle
S'écarte loin de moi; tout me fuit avec elle.
Je suis dans la disgrace; & je n'ai plus d'amis.
Votre indiscrétion m'a perdu.
Dona BEATRIX.
Je gémis,
Je pleure, je m'agite, & suis désespérée.
Du Palais, des honneurs vous m'ouvriez l'entrée;
Je l'ai fermé moi-même, & pour vous & pour moi;
Mais je m'en punirai. Je m'impose la loi
De ne plus dire un mot, & me vouë au silence.

D. FERNAND.
Madame, c'est trop tard vous faire violence.
Le mal est fait.
Dona BEATRIX, *d'un ton audacieux.*
Seigneur, je le réparerai.
Le Roi va revenir, & je lui parlerai,
Et malgré Dom Philippe : & j'ose vous promettre
Que dans votre splendeur je m'en vais vous remettre.
Oüi j'employerai tant d'art, & d'esprit, & de feu....
D. FERNAND, *très-vivement.*
Hé ! Madame, de grace, observez votre vœu :
Pour vous, comme pour moi, vous ne pouvez mieux
  faire.
Dona BEATRIX.
Notre ennemi triomphe, & je pourrai me taire ?
Il ne sera pas dit qu'ayant causé le mal,
Je vous laisse essuyer un revers si fatal.
J'ai sû dans ce moment faire une découverte,
Qui, peut-être, pourra retarder votre perte.
Ecoutez ; il s'agit d'un important secret.
D. FERNAND.
Quel est-il ?
Dona BEATRIX.
Je passois auprès du Cabinet ;
Il étoit entr'ouvert ; &, sans être apperçuë,
J'ai satisfait long-tems mon oreille & ma vûë.
,, Votre Altesse, bien-tôt, (disoit l'Ambassadeur)
,, Pourra paroître ici dans toute sa splendeur.
,, Oüi, Princesse, (a repris à l'instant Dom Phi-
  lippe)
,, Il faut vous découvrir, l'obstacle se dissipe ;
,, Dès qu'on vous connoîtra vous obtiendrez la paix ;
,, Je veux qu'un double hymen l'affermisse à jamais,
,, Et rétablisse enfin une union sincére
                              ,, Entre

" Entre le Roi mon Maître, & le Roi votre Frère.
Il faut que Dom Philippe ait perdu la raison,
Ou qu'il ait près de lui l'Infante d'Arragon.

D. FERNAND.

Ah ! Vous m'ouvrez les yeux ; & cette confidente,
Fille de Dom Loüis, elle-même est l'Infante.
Oüi, plus j'y refléchis, & moins j'en puis douter.

Dona BEATRIX.

Vous voyez qu'il est bon quelquefois d'écouter.
Hé bien, que pensez-vous de cette découverte ?

D. FERNAND.

Qu'étant faite par vous, elle avance ma perte;
Mais que si vous pouviez renfermer ce secret,
Je pourrois réparer tout le mal qu'il m'a fait.

Dona BEATRIX.

Est-il possible ? O Ciel !

D. FERNAND.

J'en conçois l'espérance.

Dona BEATRIX.

Pour la seconde fois je me voüe au silence.
Sur cet événement faites réflexion ;
Et comptez désormais sur ma discrétion.

SCENE V.

D. FERNAND, *seul*.

O Ciel ! Quel incident ! Quelle heureuse ressource !
La fortune m'invite à prendre une autre course.
Et puisque la Castille a juré mon malheur,
Il faut que l'Arragon... Voyons l'Ambassadeur;

Et rompons un Traité, trop honteux à son Prince.
Il achéte la Paix au prix d'une Province :
A l'Infante sa Sœur allons offrir mon bras ;
Je veux la mériter ; ou qu'un noble trépas,
Fruit de mon désespoir, rétablisse ma gloire.
Je puis en Arragon transporter la victoire ;
J'en ai de sûrs moyens... Que dis-je, malheureux ?
A quel horrible excès j'ose porter mes vœux !
De mon ambition détestable furie !
J'oserai trahir, qui ? Mon Maître & ma Patrie !
Par ce double attentat je pourrois m'élever !
O toi, que je bravois, Amour, vien me sauver !

SCENE VI.

D. FERNAND, Dona CLARICE.

Doña CLARICE.

UN discours indiscret a causé votre perte ;
Seigneur, l'occasion qui vient de m'être offerte,
Peut encor vous sauver. Le Roi va revenir.
Je l'attends. Sans témoins il veut m'entretenir.
Peut-être il doute encor. Je croi que par moi-même
Il cherche à pénétrer à quel point je vous aime.

D. FERNAND.

Puisqu'il veut vous revoir, j'ai lieu de le penser.
Tantôt en niant tout, je l'ai fait balancer.
Son cœur combat pour vous. Il attend pour se
    vaincre
Que de nos feux secrets il puisse se convaincre.
Mais qu'allez-vous lui dire ?

Doña

ET L'INDISCRETTE.

Dona CLARICE.

Hélas! Je n'en fai rien.
Je viens vous confulter. S'il eft quelque moyen
De calmer fon courroux, tâchez de m'en inftruire.
Je voudrois vous fervir, & je crains de vous nuire.
Que n'ai-je affez d'efprit pour cacher mon fecret?
Déjà plus d'une fois j'ai formé ce projet.

D. FERNAND.

Je ne puis me fauver que par votre artifice;
Mais malgré vos bontés il faut que je périffe.
On peut, vous fuggérant un langage trompeur,
Y former votre efprit & non pas votre cœur.

Dona CLARICE.

Que je fuis malheureufe! Hé quoi? Jufques à feindre,
Je ne pourrai donc pas un moment me contraindre?
Et faire violence à tous mes fentimens?
Donnez-m'en les moyens; & fi je vous démens...
Que faut-il dire au Roi? Dictez-le-moi vous-même.

D. FERNAND.

Que vous l'aimez.

Dona CLARICE.

Qui, moi? Lui jurer que je l'aime?
Ah! Qu'il me coûteroit cet aveu fi trompeur!

D. FERNAND.

Laiffez-moi donc périr.

Dona CLARICE.

Raffurez-vous, Seigneur.

D. FERNAND.

En vain à mes malheurs vous êtes fi fenfible:
Vous ne pourrez...

Dona CLARICE.

Pour vous rien ne m'eft impoffible;
Et fur moi je vais faire un fi puiffant effort,
Que ma bouche & mon cœur ne feront plus d'accord.

Je vous perds pour jamais. Mais, Seigneur, il
 n'importe.
L'ardeur de vous servir doit être la plus forte.
Pour la première fois je vais dissimuler.

D. FERNAND.

Obtenez que le Roi daigne encor me parler.
S'il m'entend un moment, je vais rentrer en grace :
Et si de ses soupçons il reste quelque trace,
Je saurai l'effacer ; & dès le même instant
Je veux lui révéler un secret important.

SCENE VII.

Dona CLARICE, *seule*.

O Ciel ! Qu'ai-je entrepris ? Aurai-je l'assurance...
Moi, feindre ? Moi, tromper ? Je frémis quand
 j'y pense.
Mon cœur, mon foible cœur, me le permettras-tu ?
Quel reproche il me fait, & qu'il est combattu !
Mais j'apperçois le Roi.

SCENE VIII.

LE ROI, Dona CLARICE, UN GARDE.

LE ROI.

JE croi, belle Clarice,
Que vous n'userez point avec moi d'artifice ;

Sûr

Sûr de votre innocence, & de votre candeur,
Je sais que je vais lire au fond de votre cœur :
Ses secrets sentimens sont ce qui m'intéresse.
Tantôt je vous ai fait l'aveu de ma tendresse.
Je me suis rappellé cent fois notre entretien.
En m'ouvrant votre cœur vous séduisiez le mien.
Et s'il faut déclarer enfin ce que je pense,
Aveuglé par l'amour, j'en ai crû l'apparence,
Et je prenois pour moi, par trop d'empressement,
Tout ce que vous disiez en faveur d'un Amant.
Vous ne me trompiez pas. Je me trompois moi-même;
Et je n'impute rien qu'à ma foiblesse extrême.
Vous tremblez !

   Dona CLARICE, à part.
     Ma frayeur va bien-tôt m'accuser.
Ah ! Qu'un cœur innocent sait mal se déguiser !

    LE ROI.
Que me répondez-vous ?

    Dona CLARICE.
     Hélas ! Que vous répondre ?
Sire, le seul soupçon suffit pour me confondre.

    LE ROI.
Pourquoi tant de frayeur ? Suis-je un cruel Tyran ?
Je ne veux que deux mots. Aimez-vous Dom Fer-
 nand ?
M'aimez-vous ?

    Dona CLARICE.
   Quoi ? Mon cœur insensible à la gloire
Que vous daignez m'offrir ?... Pourquoi voulez-
 vous croire
Qu'il ose dédaigner ?...

    LE ROI.
     Expliquez-vous sans fard.
Vous voulez m'imposer ; vous en ignorez l'art.
       Quoi

Quoi donc ? A m'obéir rien ne peut vous contraindre ?
Je vais punir celui qui vous apprend à feindre :
Ses jours m'en répondront ; & dans l'inſtant...

Dona CLARICE.

Hélas !
Du crime de mon cœur ne le puniſſez pas.
Suſpendez la rigueur d'un arrêt redoutable.
Si j'ai tâché de feindre, il n'en eſt pas coupable.

LE ROI.

Vous l'aimez ?

Dona CLARICE.

Je l'adore, & vous verrez ma mort,
Si de votre courroux vous ſuivez le tranſport.

LE ROI.

Son ſort dépend de vous.

Dona CLARICE, *avec tranſport.*

De moi ?

LE ROI.

Oüi, de vous-même.

Dona CLARICE.

Mais à quel prix ?

LE ROI.

Il faut m'avoüer qu'il vous aime.

Dona CLARICE.

Ah ! Si je vous l'avoüe, il eſt perdu.

LE ROI.

J'entens.
L'aveu qui vous échappe eſt tout ce que j'attens.
Je vois à quel excès vous êtes alarmée ;
Vous n'aimeriez pas tant, ſi vous n'étiez aimée.
 (*Au Garde.*)
Qu'on diſe à Dom Fernand que je veux lui parler.

SCENE

SCENE IX.

LE ROI, Dona CLARICE.

LE ROI, *à part.*

LE traître! Avec quel front il fait diffimuler!
Mais malgré ſes détours & ſon adreſſe à feindre,
Pour lire dans ſon cœur, je m'en vais me contraindre,
Heureux! Si je pouvois, en voulant l'éprouver,
Y voir les ſentimens que j'y devrois trouver.
Il vient. Voyons enfin s'il pouſſera l'audace
Juſqu'à nier encor...

SCENE X.

LE ROI, D. FERNAND, Dona CLARICE.

D. FERNAND.

ME faites-vous la grace,
Malgré mes ennemis, de vouloir m'écouter,
Sire; & de ce bonheur puis-je encor me flatter?
Je ne viens point ici vous rappeller mon zéle,
Ni les heureux ſuccès d'un ſerviteur fidéle.
Mon reſpect me ſoumet à votre volonté;
Mais, Sire, vous pouvez ſavoir la vérité.

L'AMBITIEUX,

Clarice est devant vous. Son cœur sans artifice
A dû faire pour moi pancher votre justice.
On ose m'accuser de vous avoir trompé :
Un si cruel soupçon doit être dissipé ;
Et j'ose me flatter que celle qui m'écoute,
Sur ma sincérité ne vous laisse aucun doute.

LE ROI.

Oüi. Par son témoignage à la fin éclairci,
Je sai ses sentimens & les vôtres aussi ;
Je ne balance plus, & démêle sans peine
Tous ceux à qui je dois mon estime ou ma haine.

D. FERNAND.

Ah ! Je ne dois donc plus craindre votre courroux,
C'est à mes ennemis d'en ressentir les coups ;
Et je pourrois d'un mot perdre qui m'a sû nuire.

LE ROI.

Parlez : je dois savoir...

D. FERNAND.

                    Je vous obéïs, Sire :
Je révéle à regret des complots odieux.
Vos faveurs, mes exploits m'ont fait des envieux,
Qui, moins pour vous servir, que pour ternir ma gloire,
Sauvent un ennemi, que bien-tôt la victoire
Auroit mis dans vos fers. Ce n'est point un soupçon.
Je sais qu'on vous trahit pour le Roi d'Arragon.

LE ROI.

On me trahit ? Comment ? Et quel est donc le traître ?

D. FERNAND.

Mon silence suffit pour le faire connoître :
Mon cœur s'émeut pour lui. Daignez me dispenser
De nommer...

LE ROI.

           Votre frère ? Osez-vous le penser ?

Dom

ET L'INDISCRETTE.

Dom Philippe est fidéle; & j'en ai fait l'épreuve.
Vous me trompez.

D. FERNAND.
Hé bien, puisqu'il en faut la preuve,
Je puis la donner.

LE ROI.
Vous?

D. FERNAND.
J'apprens en ce moment
Ce que je vais vous dire avec frémissement.
O Ciel! Dans quel péril on jette la Castille!
Celle, que Dom Loüis fait passer pour sa fille,
Et qui même à vos yeux se produit sous ce nom,
C'est.... Le croiriez-vous?

LE ROI.
Qui?

D. FERNAND.
L'Infante d'Arragon.

LE ROI.
L'Infante d'Arragon!

D. FERNAND.
Sire, c'est elle-même:
On n'en peut plus douter.

LE ROI.
Ma surprise est extrême!
Que fait-elle à ma Cour?

D. FERNAND.
Avec elle en secret,
Mon frère, du Traité concerte le projet;
Et vous pouvez juger que la double alliance
Est le fruit dangereux de cette intelligence.
De là, tous les efforts qu'on a faits contre moi.
Je n'ai point d'intérêt que celui de mon Roi;
On le sait: mais on veut que la Paix soit concluë;
J'ose

J'ose la traverser ; ma perte est résolue.
D'un crime impardonnable, on tâche à me noircir.
Mais....

LE ROI.

Clarice est sincére, & vient de m'éclaircir.
Je sais à votre égard tout ce que je dois croire.

D. FERNAND.

Ah ! Si vous le savez, je vais goûter la gloire
De triompher enfin d'un Ministre jaloux,
Qui met tout son bonheur à m'éloigner de vous.

SCENE XI.

LE ROI, D. PHILIPPE, D. FERNAND, Dona CLARICE.

D. PHILIPPE.

AH ! Sire, pardonnez si je suis téméraire
Jusqu'à vouloir fléchir votre juste colére.
Si mon zéle pour vous a jamais éclaté,
J'en demande le prix à votre Majesté.
La grace de mon frére est le seul où j'aspire :
Daignez me l'accorder. Je la demande, Sire,
Avec toute l'ardeur & tout l'empressement,
Qui peuvent adoucir votre ressentiment.

D. FERNAND.

Sans user près du Roi d'un si froid stratagême,
Qui va, dès cet instant, tourner contre vous-même,
Tâchez de le fléchir ; non pour moi, mais pour vous,
Que votre crime expose à son juste courroux.

D.

D. PHILIPPE.
Moi, je suis criminel, mon frère ?
D. FERNAND.
                      Oüi, vous l'êtes.
Quelle couleur donner à tout ce que vous faites ?
Comment justifier tant de ressorts secrets,
Que vous faites agir pour hâter vos projets ?
D. PHILIPPE.
Mon unique projet est de servir mon Maître.
D. FERNAND.
Dites son ennemi. L'on a sû reconnoître
Celle qui vous engage à le servir si bien.
D. PHILIPPE.
Je vous entens : par là vous ne prouverez rien
Qui me rende coupable, & qui vous justifie.
D. FERNAND.
Quoi ? Quand cette Princesse en vous seul se confie ?
Quand vous seul ?....
D. PHILIPPE.
                Ce secret n'a rien que d'innocent ;
Depuis plus de deux mois, par un effort puissant
Je tâche d'arrêter une Guerre onéreuse
Par les conditions d'une Paix glorieuse.
Le Roi m'en est témoin ; je n'atteste que lui ;
Et je saurai prouver que ce n'est qu'aujourd'hui
Que j'ai connu l'Infante, en dépit d'elle-même.
Elle n'est point ici par un ordre suprême ;
Et son propre intérêt l'attire à cette Cour,
C'est son unique objet.
LE ROI.
        Hé, quel est-il ?
D. PHILIPPE.
                          L'amour.
Oüi, votre gloire, Sire, en tous lieux répanduë,

A charmé la Princesse ; & sans être connuë,
Elle a voulu savoir & juger par ses yeux
Si vous confirmeriez des bruits si glorieux.
Je sai qu'elle a pour vous la plus vive tendresse :
Mais ayant soupçonné que vous aimiez ma Niéce,
Elle étoit sur le point de quitter votre Cour.
A peine ai-je obtenu le reste de ce jour,
Afin d'en profiter, en employant mon zéle
Pour vous déterminer à prononcer pour elle.

LE ROI, à D. Philippe.

Qu'on cherche Dom Loüis. Je veux dès ce moment...

D. PHILIPPE.

L'Infante est avec lui dans mon apartement.

LE ROI, à D. Philippe.

Avec l'Ambassadeur priez-la de paroître ;
Mais ne lui dites point que l'on m'a fait connoître
Sa naissance & son rang que je veux ignorer,
Jusqu'à ce qu'il soit tems de le lui déclarer.

SCENE XII.

LE ROI, D. FERNAND, Dona CLARICE.

D. FERNAND.

IL tâche d'effacer un soupçon légitime,
Et croit vous éblouïr en colorant son crime ;
Mais à votre prudence on ne peut imposer.
Quoique pour me bannir il ose m'accuser
D'être votre rival, d'être aimé de Clarice,
J'ose tout espérer d'un Roi, dont la justice
A toujours éclaté pour ses moindres Sujets.

J'en

J'en fais mon bouclier ; & ne crains désormais,
Que le trop prompt effet des projets de mon frère.
Il ne sait que parler, mais mon bras peut tout faire.

SCENE XIII.

LE ROI, L'INFANTE D'ARRAGON, D. LOUIS, D. PHILIPPE, D. FERNAND, Dona BEATRIX, Dona CLARICE.

LE ROI, à D. Louis.

Enfin à l'Arragon je veux donner la Paix,
Et par un double hymen l'affermir à jamais.
D. FERNAND.
O Ciel ! Je suis perdu.
LE ROI, à D. Louis.
C'est à quoi je m'engage.
(à l'Infante.)
Je m'y suis résolu sur votre témoignage.
Voyez, auprès de moi quel est votre crédit,
Madame ; & rappellez ce que vous m'avez dit ;
Que votre air, que vos traits représentoient l'Infante
Si vous lui ressemblez, l'image est si charmante,
Qu'à l'objet qu'elle peint, je suis prêt de jurer
Tout ce qu'en sa faveur l'amour peut désirer.
De ma foi, de mon cœur, présentez-lui l'hommage.
Je vous charge du soin d'accomplir votre ouvrage.
L'INFANTE.
L'Infante d'Arragon va faire son bonheur
De payer ce présent par le don de son cœur.

Vous l'aurez pour jamais, en lui donnant le vôtre,
Qu'on disoit que l'amour destinoit pour une autre.

   LE ROI, *baisant la main de l'Infante.*

Non, divine Princesse; il sera tout à vous.

   L'INFANTE, *se jettant aux piéds du Roi.*

Ah! Sire, pardonnez....

   LE ROI, *la relevant.*

     Acceptez un Epoux.
Qu'un Traité que j'approuve, aujourd'hui vous assure;
Mais il est tems aussi de venger mon injure.

 (*à D. Fernand.*)

Tu vois que tes discours ne m'ont point imposé.
Mes yeux se sont ouverts; je suis désabusé.
Toutes ces trahisons adroitement voilées,
Par toi-même à la fin m'ont été révélées.
Oüi, ton frère, ton Roi, jusqu'à ta passion,
Tu sacrifiois tout à ton ambition.
Jamais on n'a plus loin poussé la perfidie.
Tu devrois sur le champ la payer de ta vie;
Mais ma clémence impose à mon ressentiment.
Qu'un éxil rigoureux borne ton châtiment.
Sors de ma Cour, ingrat; je sens que ta présence
Ne pourroit y souffrir la Paix & l'innocence.
Je destine à Clarice un autre Epoux que toi.

 (*Dom Fernand sort.*)

   Dona CLARICE.

Ah! Ne m'imposez pas une si dure loi.
Au lieu de le punir, c'est me punir moi-même.
Plus il est malheureux, plus je sens que je l'aime.
En vain, à Dom Fernand on voudroit m'arracher,
Puisqu'un Roi si charmant n'a pû m'en détacher.
Partager sa disgrace, est toute mon envie.
Si vous nous séparez, il y va de ma vie.
Oüi, Sire, à vos genoux j'expire en ce moment,
         Si

Si vous me condamnez à cet affreux tourment.
L'INFANTE, au Roi.
Oferois-je me joindre à l'aimable Clarice ?
Souffrez qu'en fa faveur mon ame s'attendriffe.
Accordez-lui l'époux que demande fon cœur :
Vous me rendrez heureufe, en faifant fon bonheur.
LE ROI.
Je vous entens, Madame ; il faut vous fatisfaire :
Je n'ai plus de défir, que celui de vous plaire ;
Et je vais vous prouver que je fuis pour jamais
Uniquement foûmis à vos divins attraits.
C'en eft fait ; je me rends. Raffurez-vous, Clarice,
Je remplirai vos vœux ; mais je ferai juftice.
(à l'Infante.)
Vous, venez recevoir & mon cœur & ma foi.

SCENE DERNIERE.

D. PHILIPPE, Dona BEATRIX.

Dona BEATRIX.

Vous voilà bien content ! Vous reftez près du Roi ;
Votre frère vivra vis-à-vis de fa femme ;
Moi, vis-à-vis de vous. Les beaux exploits !
D. PHILIPPE.
Madame ;
Votre zéle indifcret, difons la vérité,
Nuit plus à Dom Fernand que ma fidélité.
Comment n'auriez-vous pas la fortune contraire ?
Il n'a pû fe borner ; vous n'avez pû vous taire.
L'éxil

118 L'AMBITIEUX, &c.
L'éxil est un reméde à son ambition.
Puissai-je en trouver un pour l'indiscrétion!

FIN.

APPROBATION.

J'AI lû, par ordre de Monseigneur le Chancelier, une Tragi-Comédie, qui a pour titre, *l'Ambitieux, & l'Indiscrette*, par *M. Nericault Destouches*; & je crois que le Public verra avec plaisir cette nouvelle production d'un Auteur si renommé dans le genre dramatique. Fait à Paris ce 28. Août 1737.

Signé, DANCHET.

www.ingramcontent.com/pod-product-compliance
Lightning Source LLC
Chambersburg PA
CBHW060156100426
42744CB00007B/1055